SV

Band 962 der Bibliothek Suhrkamp

Im Grunde ist die Dichtung des griechischen Nobelpreisträgers Giorgos Seferis (1900 bis 1972), schreibt Christian Enzensberger, von dem die Übertragungen dieses Bandes stammen, »eine ganz einfache Dichtung; sie hat sich ein allererstes Schema bewahrt: Die Dinge sind, die Menschen tun. Sie führt uns in eine Seelandschaft zwischen den Ufern von Substantiv und Verb, die wir dort doch nie bemerkt haben, in ein Dazwischen, in dem sich beides gleichermaßen fremd und vertraut ausnimmt.«

Giorgos Seferis
Poesie

Griechisch und Deutsch
Übertragung und Nachwort von
Christian Enzensberger

Suhrkamp Verlag

Den 1962 in der Reihe »*Poesie*« erschienenen Band hat Christian Enzensberger für die Neuausgabe durchgesehen.

Erste Auflage 2016
Suhrkamp Verlag Berlin

Umschlag: Willy Fleckhaus
Printed in Germany
ISBN 978-3-518-24066-3

Poesie

Μυθιστόρημα

Si j'ai du goût, ce n'est guères
Que pour la terre et les pierres.

Arthur Rimbaud

Mythischer Lebensbericht

Si j'ai du goût, ce n'est guères
Que pour la terre et les pierres.

Arthur Rimbaud

Τὸν ἄγγελο

Τὸν ἄγγελο
τὸν περιμέναμε προσηλωμένοι τρία χρόνια
κοιτάζοντας πολὺ κοντὰ
τὰ πεῦκα τὸ γιαλὸ καὶ τ' ἄστρα.
Σμίγοντας τὴν κόψη τ' ἀλετριοῦ ἢ τοῦ καραβιοῦ τὴν
καρένα
ψάχναμε νὰ βροῦμε πάλι τὸ πρῶτο σπέρμα
γιὰ νὰ ξαναρχίσει τὸ πανάρχαιο δρᾶμα.

Γυρίσαμε στὰ σπίτια μας τσακισμένοι
μ' ἀνήμπορα μέλη, μὲ τὸ στόμα ρημαγμένο
ἀπὸ τὴ γέψη τῆς σκουριᾶς καὶ τῆς ἁρμύρας.
Ὅταν ξυπνήσαμε ταξιδέψαμε κατὰ τὸ βοριά, ξένοι
βυθισμένοι μέσα σὲ καταχνιὲς ἀπὸ τ' ἄσπιλα φτερὰ τῶν
κύκνων ποὺ μᾶς πληγῶναν.
Τὶς χειμωνιάτικες νύχτες μᾶς τρέλαινε ὁ δυνατὸς ἀγέρας
τῆς ἀνατολῆς
τὰ καλοκαίρια χανόμασταν μέσα στὴν ἀγωνία τῆς μέρας
ποὺ δὲν μποροῦσε νὰ ξεψυχήσει.

Φέραμε πίσω
αὐτὰ τ' ἀνάγλυφα μιᾶς τέχνης ταπεινῆς.

Den Boten

Den Boten
drei Jahre lang haben wir ihn beharrlich erwartet
und genau aufgemerkt
auf die Föhren den Strand die Sterne.
Zugetan der Pflugschar oder dem
    Schiffskiel
suchten wir bis wir wiederfänden den ersten Samen
aus dem neu anhöbe das uralte Schauspiel.

Wir sind in unsere Häuser zurückgekehrt Zerbrochene
mit kraftlosen Gliedern, mit Mündern wüst
von Salzwasser- und von Rostgeschmack.
Wir sind erwacht und waren auf nördlicher Fahrt, Fremdlinge,
eingetaucht in einen Nebel aus makellosen Schwanenflügeln
    die uns verwundeten.
In winterlichen Nächten kamen wir von Sinnen im starken
    Ostwind
sommers vergingen wir im Todeskampf der Tage die keine
    Kraft mehr hatten zu verhauchen.

Zurückgebracht haben wir
diese Bildtafeln von bescheidener Kunst.

Ἀκόμη ἕνα πηγάδι

Ἀκόμη ἕνα πηγάδι μέσα σὲ μιὰ σπηλιά.
Ἄλλοτε μᾶς ἦταν εὔκολο ν' ἀντλήσουμε εἴδωλα καὶ
στολίδια
γιὰ νὰ χαροῦν οἱ φίλοι ποὺ μᾶς ἔμεναν ἀκόμη πιστοί.

Ἔσπασαν τὰ σκοινιά· μονάχα οἱ χαρακιὲς στοῦ πηγαδιοῦ
τὸ στόμα
μᾶς θυμίζουν τὴν περασμένη μας εὐτυχία:
τὰ δάχτυλα στὸ φιλιατρό, καθὼς ἔλεγε ὁ ποιητής.
Τὰ δάχτυλα νιώθουν τὴ δροσιὰ τῆς πέτρας λίγο
κι ἡ θέρμη τοῦ κορμιοῦ τὴν κυριεύει
κι ἡ σπηλιὰ παίζει τὴν ψυχή της καὶ τὴ χάνει
κάθε στιγμή, γεμάτη σιωπή, χωρὶς μιὰ στάλα.

Abermals ein Brunnen

Abermals ein Brunnen in einer Höhle.
Früher war es ein Leichtes, Figuren und Zierat aus der Tiefe zu
holen
um die Freunde die uns noch treu waren damit zu erheitern.

Die Seile sind zerrissen: nur die Rillen am
Brunnenrand
erinnern uns noch an unser vergangenes Glück:
Die Finger am Saum, wie der Dichter sagt.
Die Finger spüren die Kühle des Steins noch kurz
bevor sie die Körperwärme vertreibt
und die Höhle setzt und verspielt ihre Seele
immerfort neu, erfüllt von Stille, die kein Tropfen mehr netzt.

»Μέμνησο λουτρῶν οἷς ἐνοσφίσθης«

Ξύπνησα μὲ τὸ μαρμάρινο τοῦτο κεφάλι στὰ χέρια
ποὺ μοῦ ἐξαντλεῖ τοὺς ἀγκῶνες καὶ δὲν ξέρω ποῦ νὰ
τ' ἀκουμπήσω.
Ἔπεφτε στὸ ὄνειρο καθὼς ἔβγαινα ἀπὸ τὸ ὄνειρο
ἔτσι ἑνώθηκε ἡ ζωή μας καὶ θὰ εἶναι πολὺ δύσκολο νὰ
ξαναχωρίσει.

Κοιτάζω τὰ μάτια· μήτε ἀνοιχτὰ μήτε κλειστὰ
μιλῶ στὸ στόμα ποὺ ὅλο γυρεύει νὰ μιλήσει
κρατῶ τὰ μάγουλα ποὺ ξεπέρασαν τὸ δέρμα.
Δὲν ἔχω ἄλλη δύναμη·

τὰ χέρια μου χάνουνται καὶ μὲ πλησιάζουν
ἀκρωτηριασμένα.

Denk an das Bad, wo du erschlagen wardst

Ich erwachte und hielt diesen Marmorkopf in meinen Händen
der mir die Ellbogen schwermacht und ich weiß nicht, wo ich
ihn hinstellen soll.
Er fiel in den Traum wie ich aus dem Traum heraustrat
so ist unser Leben einsgeworden und wohl nur schwerlich
läßt es sich wieder scheiden.

Ich betrachte die Augen: sie sind nicht offen nicht zu
spreche mit dem Mund der sich da müht zu sprechen
halte die Wangen fest, die die Haut durchbrechen.
Weiter vermag ich nichts:

Meine Hände gehen verloren und wenn sie wiederkehren
sind sie verstümmelt.

Ἀργοναῦτες

Καὶ ψυχὴ
εἰ μέλλει γνώσεσθαι αὐτὴν
εἰς ψυχὴν
αὐτῇ βλεπτέον:
τὸν ξένο καὶ τὸν ἐχθρὸ τὸν εἴδαμε στὸν καθρέφτη.

Ἤτανε καλὰ παιδιὰ οἱ συντρόφοι, δὲ φωνάζαν
οὔτε ἀπὸ τὸν κάματο οὔτε ἀπὸ τὴ δίψα οὔτε ἀπὸ τὴν
παγωνιά,
εἴχανε τὸ φέρσιμο τῶν δέντρων καὶ τῶν κυμάτων
ποὺ δέχουνται τὸν ἄνεμο καὶ τὴ βροχὴ
δέχουνται τὴ νύχτα καὶ τὸν ἥλιο
χωρὶς ν' ἀλλάζουν μέσα στὴν ἀλλαγή.
Ἤτανε καλὰ παιδιά, μέρες ὁλόκληρες
ἵδρωναν στὸ κουπὶ μὲ χαμηλωμένα μάτια
ἀνασαίνοντας μὲ ρυθμὸ
καὶ τὸ αἷμα τους κοκκίνιζε ἕνα δέρμα ὑποταγμένο.
Κάποτε τραγούδησαν, μὲ χαμηλωμένα μάτια
ὅταν περάσαμε τὸ ἐρημόνησο μὲ τὶς ἀραποσυκιὲς
κατὰ τὴ δύση, πέρα ἀπὸ τὸν κάβο τῶν σκύλων
ποὺ γαβγίζουν.
Εἰ μέλλει γνώσεσθαι αὐτήν, ἔλεγαν
εἰς ψυχὴν βλεπτέον, ἔλεγαν
καὶ τὰ κουπιὰ χτυποῦσαν τὸ χρυσάφι τοῦ πελάγου
μέσα στὸ ἡλιόγερμα.
Περάσαμε κάβους πολλοὺς πολλὰ νησιὰ τὴ θάλασσα
ποὺ φέρνει τὴν ἄλλη θάλασσα, γλάρους καὶ φώκιες.
Δυστυχισμένες γυναῖκες κάποτε μὲ ὀλολυγμοὺς
κλαίγανε τὰ χαμένα τους παιδιὰ
κι ἄλλες ἀγριεμένες γύρευαν τὸ Μεγαλέξαντρο
καὶ δόξες βυθισμένες στὰ βάθη τῆς Ἀσίας.
Ἀράξαμε σ' ἀκρογιαλιὲς γεμάτες ἀρώματα νυχτερινὰ

Die Argonauten

Und die Seele
soll sie sich selbst kennen
dann im Blick
auf auch eine Seele:
den Fremdling den Feind wir sahn ihn im Spiegel.

Brave Leute waren sie die Gefährten, sie murrten nicht
über die Mühe noch über den Durst noch über die
Kälte,
sie verhielten sich nach Art der Bäume und der Wogen
die den Wind hinnehmen und den Regen
hinnehmen die Nacht und die Sonne
und beständig bleiben im Wechsel.
Es waren brave Leute, ganze Tage lang
schwitzten sie an der Ruderbank, gesenkten Auges
holten sie Atem im Takt
und ihr Blut pochte in einer gefügigen Haut
Manchmal sangen sie auch, gesenkten Auges
als wir die öde Insel mit den Wildfeigen umschifften
westwärts, jenseits vom Kap der Hunde
und ihrem Gebell.
Soll sie sich selbst kennen, so heißt es
so blicke sie wiederum auf eine Seele, so heißt es
und die Ruder schlugen das Gold des Meeres
in der versinkenden Sonne.
Viele Kaps ließen wir hinter uns, viele Inseln, das Meer
das zum anderen Meer führt, Möven und Robben.
Manchmal beweinten Weiber im Elend
jammernd ihre verlorenen Kinder
und andere rasten und suchten nach Alexander
und nach versunkenem Ruhm in der Tiefe von Asien.
Wir legten an vor Küsten erfüllt von Nachtgeruch

μὲ κελαηδίσματα πουλιῶν, νερὰ ποὺ ἀφήνανε στὰ
χέρια
τὴ μνήμη μιᾶς μεγάλης εὐτυχίας.
Μὰ δὲν τελειῶναν τὰ ταξίδια.
Οἱ ψυχές τους ἔγιναν ἕνα μὲ τὰ κουπιὰ καὶ τοὺς σκαρμοὺς
μὲ τὸ σοβαρὸ πρόσωπο τῆς πλώρης
μὲ τ' αὐλάκι τοῦ τιμονιοῦ
μὲ τὸ νερὸ ποὺ ἔσπαζε τὴ μορφή τους.
Οἱ σύντροφοι τέλειωσαν μὲ τὴ σειρά,
μέ χαμηλωμένα μάτια. Τὰ κουπιά τους
δείχνουν τὸ μέρος ποὺ κοιμοῦνται στ' ἀκρογιάλι.

Κανεὶς δὲν τοὺς θυμᾶται. Δικαιοσύνη.

von Vogelgezwitscher und Wasserguß davon an den Händen
    zurückblieb
die Erinnerung an große Glückseligkeit.
Doch die Fahrten nahmen kein Ende.
Ihre Seelen wurden eins mit den Riemen und Laschen
mit dem ernsten Antlitz des Bugs
mit der Furche hinter dem Ruder
mit dem Wasser das ihr Abbild in Stücke brach.
Die Gefährten endeten nacheinander,
gesenkten Auges. Ihre Ruder
bezeichnen den Ort am Strand wo sie schlafen.

Keiner erinnert sich ihrer. Gerechtigkeit.

Δὲν τοὺς γνωρίσαμε

Δὲν τοὺς γνωρίσαμε
ἦταν ἡ ἐλπίδα στὸ βάθος ποὺ ἔλεγε
πὼς τοὺς εἴχαμε γνωρίσει ἀπὸ μικρὰ παιδιά.
Τοὺς εἴδαμε ἴσως δυὸ φορὲς κι᾿ ἔπειτα πῆραν τὰ
καράβια·
φορτία κάρβουνο, φορτία γεννήματα, κι οἱ
φίλοι μας
χαμένοι πίσω ἀπὸ τὸν ὠκεανὸ παντοτινά.
῾Η αὐγὴ μᾶς βρίσκει πλάι στὴν κουρασμένη λάμπα
νὰ γράφουμε ἀδέξια καὶ μὲ προσπάθεια στὸ
χαρτὶ
πλεούμενα γοργόνες ἢ κοχύλια·
τὸ ἀπόβραδο κατεβαίνουμε στὸ ποτάμι
γιατὶ μᾶς δείχνει τὸ δρόμο πρὸς τὴ θάλασσα,
καὶ περνοῦμε τὶς νύχτες σὲ ὑπόγεια ποὺ μυρίζουν κατράμι.

Οἱ φίλοι μας ἔφυγαν
ἴσως νὰ μὴν τοὺς εἴδαμε ποτές, ἴσως
νὰ τοὺς συναπαντήσαμε ὅταν ἀκόμη ὁ ὕπνος
μᾶς ἔφερνε πολὺ κοντὰ στὸ κύμα ποὺ ἀνασαίνει
ἴσως νὰ τοὺς γυρεύουμε γιατὶ γυρεύουμε τὴν ἄλλη ζωή,
πέρα ἀπὸ τ᾿ ἀγάλματα.

Wir kannten sie nicht

Wir kannten sie nicht
	es war eine Hoffnung im Innern was da sagte
wir hätten sie von Jugend auf gekannt.
Wir haben sie vielleicht zweimal gesehen, dann gingen sie auf
	die Schiffe:
beladen mit Kohle, beladen mit Getreide, und die unsere
	Freunde waren
verschwanden hinter dem Meer für alle Zeit.
Das Morgengrauen findet uns neben einer erschöpften Lampe
über einem Stück Papier auf das wir linkisch und mühsam
	malen
Boote Wassernixen und Muscheln:
gegen Abend gehen wir hinunter zum Fluß
weil er uns den Weg zeigt zum Meer hin
und übernachten in Kellern wo es nach Schiffsteer riecht.

Unsere Freunde sind fort
	vielleicht haben wir sie gar nicht gesehen, vielleicht
sind wir ihnen begegnet als noch der Schlaf
uns nah an die atmende Welle trug
vielleicht suchen wir sie nur weil wir das andere Leben suchen
das Leben jenseits der Statuen.

M. P.

*Τὸ περιβόλι μὲ τὰ συντριβάνια του στὴ βροχὴ
θὰ τὸ βλέπεις μόνο ἀπὸ τὸ χαμηλὸ παράθυρο
πίσω ἀπὸ τὸ θολὸ τζάμι. Ἡ κάμαρά σου
θὰ φωτίζεται μόνο ἀπὸ τὴ φλόγα τοῦ τζακιοῦ
καὶ κάποτε, στὶς μακρινὲς ἀστραπὲς θά φαίνουνται
οἱ ρυτίδες τοῦ μετώπου σου, παλιέ μου Φίλε.*

*Τὸ περιβόλι μὲ τὰ συντριβάνια ποὺ ἦταν στὸ χέρι σου
ρυθμὸς τῆς ἄλλης ζωῆς, ἔξω ἀπὸ τὰ σπασμένα
μάρμαρα καὶ τὶς κολόνες τὶς τραγικὲς
κι ἕνας χορὸς μέσα στὶς πικροδάφνες
κοντὰ στὰ καινούργια λατομεῖα,
ἕνα γυαλὶ θαμπὸ θὰ τό 'χει κόψει ἀπὸ τὶς ὧρες σου.
Δὲ θ' ἀνασάνεις· τὸ χῶμα κι' ὁ χυμὸς τῶν δέντρων
θὰ ὁρμοῦν ἀπὸ τὴ μνήμη σου γιὰ νὰ χτυπήσουν
πάνω στὸ τζάμι αὐτὸ ποὺ τὸ χτυπᾶ ἡ βροχὴ
ἀπὸ τὸν ἔξω κόσμο.*

M.R.

Der Garten mit den Springbrunnen im Regen –
du wirst ihn nur noch sehen von dem niederen Fenster aus
hinter der trüben Scheibe. Dein Zimmer
wird hell sein nur noch von dem Feuer im Herd
und ab und zu wird das Wetterleuchten dir zeigen
die Furchen auf deiner Stirn, mein alter Freund.

Der Garten mit den Springbrunnen, die in deiner Hand waren
der Pulsschlag eines anderen Lebens, vor den zerbrochenen
Marmorbildern und tragischen Säulen,
und ein Reigen unter dem Oleander
neben den neuen Steinbrüchen,
ein mattes Glas wird ihn abschneiden von deinen Stunden.
Du wirst nicht mehr atmen; Erde und Saft der Bäume
werden hervorstürmen aus deinem Andenken um einzuschlagen
auf diese Scheibe auf die jetzt der Regen schlägt
der äußeren Welt.

Νοτιὰς

Τὸ πέλαγο σμίγει κατὰ τὴ δύση μιὰ βουνοσειρά.
Ζερβά μας ὁ νοτιὰς φυσάει καὶ μᾶς τρελαίνει,
αὐτὸς ὁ ἀγέρας ποὺ γυμνώνει τὰ κόκαλα ἀπ᾽ τὴ σάρκα.
Τὸ σπίτι μας μέσα στὰ πεῦκα καὶ στὶς χαρουπιές.
Μεγάλα παράθυρα. Μεγάλα τραπέζια
γιὰ νὰ γράφουμε τὰ γράμματα ποὺ σοῦ γράφουμε
τόσους μῆνες καὶ τὰ ρίχνουμε
μέσα στὸν ἀποχωρισμὸ γιὰ νὰ γεμίσει.

Ἄστρο τῆς αὐγῆς, ὅταν χαμήλωνες τὰ μάτια
οἱ ὧρες μας ἦταν πιὸ γλυκιὲς ἀπὸ τὸ λάδι
πάνω στὴν πληγή, πιὸ πρόσχαρες ἀπὸ τὸ κρύο νερὸ
στὸν οὐρανίσκο, πιὸ γαλήνιες ἀπὸ τὰ φτερὰ τοῦ κύκνου.
Κρατοῦσες τὴ ζωή μας στὴν παλάμη σου.
Ὕστερα ἀπ᾽ τὸ πικρὸ ψωμὶ τῆς ξενιτιᾶς
τὴ νύχτα ἂν μείνουμε μπροστὰ στὸν ἄσπρο τοῖχο
ἡ φωνή σου μᾶς πλησιάζει σὰν ἔλπιση φωτιᾶς
καὶ πάλι αὐτὸς ὁ ἀγέρας ἀκονίζει
πάνω στὰ νεῦρα μας ἕνα ξυράφι.

Σοῦ γράφουμε ὁ καθένας τὰ ἴδια πράματα
καὶ σωπαίνει ὁ καθένας μπρὸς στὸν ἄλλον
κοιτάζοντας, ὁ καθένας, τὸν ἴδιο κόσμο χωριστὰ
τὸ φῶς καὶ τὸ σκοτάδι στὴ βουνοσειρὰ
κι ἐσένα.
Ποιὸς θὰ σηκώσει τὴ θλίψη τούτη ἀπ᾽ τὴν καρδιά μας;
Χτὲς βράδυ μιὰ νεροποντὴ καὶ σήμερα
βαραίνει πάλι ὁ σκεπασμένος οὐρανός. Οἱ στοχασμοί μας
σὰν τὶς πευκοβελόνες τῆς χτεσινῆς νεροποντῆς
στὴν πόρτα τοῦ σπιτιοῦ μας μαζεμένοι κι᾽ ἄχρηστοι
θέλουν νὰ χτίσουν ἕναν πύργο ποὺ γκρεμίζει.

Südwind

Das Meer grenzt im Westen an ein Gebirge.
Von links weht der Südwind und macht uns irr,
dieser Wind, der uns das Fleisch von den Knochen löst.
Unser Haus steht unter Föhren und Johannisbrotbäumen.
Die Fenster groß. Die Tische groß
genug um dir zu schreiben, was wir dir schreiben
so lange Monate schon und dann hinabwerfen
in unsere Trennung um sie zu füllen.

Morgenstern, wenn du die Augen senktest
waren unsere Stunden süßer als Öl
auf der Wunde, fröhlicher als kaltes Wasser
in der Kehle, sanfter als die Daunen des Schwans.
Du hieltest unser Leben im Innern der Hand.
Wenn nach dem bitteren Brot der Fremde
wir des Nachts haltmachen vor der weißen Wand
dringt deine Stimme zu uns wie die Hoffnung auf Feuer
und dann schleift wieder der Wind
auf unserem Mark eine Klinge.

Jeder von uns hat dir dasselbe geschrieben
und verschwiegen hat es jeder vor dem andern
und dabei hat jeder für sich die selbe Welt gesehen
das Licht und den Schatten vom Gebirge
und dich.
Wer hebt uns diese Trauer aus unserm Herzen fort?
Gestern abend ein Regenguß und auch heute
lastet ein verhangener Himmel. Unsre Gedanken
liegen wie die Föhrennadeln nach dem gestrigen Unwetter
aufgehäuft in der Haustür und unnütz
einen Turm wollen sie bauen der in sich zusammenfällt.

Μέσα σὲ τοῦτα τὰ χωριὰ τ' ἀποδεκατισμένα
πάνω σ' αὐτὸ τὸν κάβο, ξέσκεπο στὸ νοτιὰ
μὲ τὴ βουνοσειρὰ μπροστά μας ποὺ σὲ κρύβει,
ποιὸς θὰ μᾶς λογαριάσει τὴν ἀπόφαση τῆς λησμονιᾶς;
Ποιὸς θὰ δεχτεῖ τὴν προσφορά μας, στὸ τέλος αὐτὸ τοῦ
φθινοπώρου.

Unter diesen entvölkerten Dörfern
auf dieser Landzunge, die schutzlos im Wind steht
und dem Gebirge vor uns das dich verborgen hält:
wer rechnet ihn uns an, unsern Entschluß zu vergessen?
Wem wenn dieser Herbst sich neigt wird unser Opfer gefällig
sein?

Μὰ τί γυρεύουν οἱ ψυχές μας

Μὰ τί γυρεύουν οἱ ψυχές μας ταξιδεύοντας
πάνω σὲ καταστρώματα κατελυμένων καραβιῶν
στριμωγμένες μὲ γυναῖκες κίτρινες καὶ μωρὰ ποὺ
κλαῖνε
χωρὶς νὰ μποροῦν νὰ ξεχαστοῦν οὔτε μὲ τὰ
χελιδονόψαρα
οὔτε μὲ τ' ἄστρα ποὺ δηλώνουν στὴν ἄκρη τὰ κατάρτια.
Τριμμένες ἀπὸ τοὺς δίσκους τῶν φωνογράφων
δεμένες ἄθελα μ' ἀνύπαρχτα προσκυνήματα
μουρμουρίζοντας σπασμένες σκέψεις ἀπὸ ξένες
γλῶσσες.

Μὰ τί γυρεύουν οἱ ψυχές μας ταξιδεύοντας
πάνω στὰ σαπισμένα θαλάσσια ξύλα
ἀπὸ λιμάνι σὲ λιμάνι;

Μετακινώντας τσακισμένες πέτρες, ἀνασαίνοντας
τὴ δροσιὰ τοῦ πεύκου πιὸ δύσκολα κάθε μέρα,
κολυμπώντας στὰ νερὰ τούτης τῆς θάλασσας
κι ἐκείνης τῆς θάλασσας,
χωρὶς ἀφὴ
χωρὶς ἀνθρώπους
μέσα σὲ μιὰ πατρίδα ποὺ δὲν εἶναι πιὰ δική μας
οὔτε δική σας.

Τὸ ξέραμε πὼς ἦταν ὡραῖα τὰ νησιὰ
κάπου ἐδῶ τριγύρω ποὺ ψηλαφοῦμε
λίγο πιὸ χαμηλὰ ἢ λίγο πιὸ ψηλὰ
ἕνα ἐλάχιστο διάστημα.

Was denn suchen unsere Seelen

Was denn suchen unsere Seelen auf dieser Fahrt
auf den Decks auseinanderfallender Schiffe
zusammengepfercht mit gelbgesichtigen Frauen und plärrenden Kindern
und können doch nicht vergessen, auch über den fliegenden Fischen nicht
und nicht über den Sternen auf die die Mastspitzen deuten.
Ausgeleiert von den Grammophonplatten
angehalten zu einer Pilgerfahrt die nirgends hinführt
murmeln sie vor sich hin zerbrochene Gedanken aus fremden Sprachen.

Was denn suchen unsere Seelen auf dieser Fahrt
auf diesem verfaulten Stück Treibholz
von Hafen zu Hafen?

Aus dem Weg räumend zerbrochene Steine, die Kühle
der Föhren täglich mühseliger atmend,
dahintreibend in den Wassern dieses Meeres
und jenes Meeres,
ohne Gefühl
ohne die anderen
in einer Heimat die nicht mehr die unsere ist
noch auch die eure.

Dabei wußten wir doch wie schön sie waren, die Inseln
hier irgendwo in der Gegend die wir durchstreifen
ein wenig höher ein wenig tiefer
nur einen Katzensprung weit.

Εἶναι παλιὸ τὸ λιμάνι

Εἶναι παλιὸ τὸ λιμάνι, δὲν μπορῶ πιὰ νὰ περιμένω
οὔτε τὸ φίλο ποὺ ἔφυγε στὸ νησὶ μὲ τὰ πεῦκα
οὔτε τὸ φίλο ποὺ ἔφυγε στὸ νησὶ μὲ τὰ πλατάνια
οὔτε τὸ φίλο ποὺ ἔφυγε γιὰ τ' ἀνοιχτά.
Χαϊδεύω τὰ σκουριασμένα κανόνια, χαϊδεύω τὰ κουπιὰ
νὰ ζωντανέψει τὸ κορμί μου καὶ ν' ἀποφασίσει.
Τὰ καραβόπανα δίνουν μόνο τὴ μυρωδιὰ
τοῦ ἁλατιοῦ τῆς ἄλλης τρικυμίας.

Ἂν τὸ θέλησα νὰ μείνω μόνος, γύρεψα
τὴ μοναξιά, δὲ γύρεψα μιὰ τέτοια ἀπαντοχή,
τὸ κομμάτιασμα τῆς ψυχῆς μου στὸν ὁρίζοντα,
αὐτὲς τὶς γραμμές, αὐτὰ τὰ χρώματα, αὐτὴ τὴ σιγή.

Τ' ἄστρα τῆς νύχτας μὲ γυρίζουν στὴν προσδοκία
τοῦ 'Οδυσσέα γιὰ τοὺς νεκροὺς μὲς στ' ἀσφοδίλια.
Μὲς στ' ἀσφοδίλια σὰν ἀράξαμε ἐδῶ-πέρα θέλαμε νὰ
βροῦμε
τὴ λαγκαδιὰ ποὺ εἶδε τὸν Ἄδωνι λαβωμένο.

Der Hafen ist alt

Der Hafen ist alt, länger kann ich nicht warten
nicht auf den Freund der fortfuhr zur Insel mit den Föhren
noch auf den Freund der fortfuhr zur Insel mit den Platanen
noch auf den Freund der hinausfuhr ins Offene.
Ich liebkose die verrosteten Kanonen, liebkose die Ruder
daß mein Leib wieder auflebe und sich entscheide.
Die Segel riechen nach nichts weiter
als nach dem Salz vom letzten Sturm.

Gewiß wollte ich allein sein, ich suchte
die Einsamkeit, aber ein solches Warten suchte ich nicht,
nicht dies Zerstückeln der Seele am Horizont,
dieses Liniengewirr, diese Farben und eine so große Stille.

Mit den Sternen der Nacht wende ich mich um zu Odysseus
wie er der Toten unter den Asphodelen harrt.
Unter Asphodelen sind auch wir hier gelandet und wollten
finden
die Bergschlucht die Adonis' Wunde sah.

Ὁ τόπος μας εἶναι κλειστός

Ὁ τόπος μας εἶναι κλειστός, ὅλο βουνὰ
ποὺ ἔχουν σκεπὴ τὸ χαμηλὸ οὐρανὸ μέρα καὶ νύχτα.
Δὲν ἔχουμε ποτάμια δὲν ἔχουμε πηγάδια δὲν
ἔχουμε πηγές,
μονάχα λίγες στέρνες, ἄδειες κι' αὐτές, ποὺ ἠχοῦν καὶ ποὺ
τὶς προσκυνοῦμε.
Ἦχος στεκάμενος κούφιος, ἴδιος μὲ τὴ μοναξιά μας
ἴδιος μὲ τὴν ἀγάπη μας, ἴδιος μὲ τὰ σώματά μας.
Μᾶς φαίνεται παράξενο ποὺ κάποτε μπορέσαμε νὰ
χτίσουμε
τὰ σπίτια τὰ καλύβια καὶ τὶς στάνες μας.
Κι οἱ γάμοι μας, τὰ δροσερὰ στεφάνια καὶ τὰ
δάχτυλα
γίνουνται αἰνίγματα ἀνεξήγητα γιὰ τὴν ψυχή μας.
Πῶς γεννηθῆκαν πῶς δυναμώσανε τὰ παιδιά μας;

Ὁ τόπος μας εἶναι κλειστός. Τὸν κλείνουν
οἱ δυὸ μαῦρες Συμπληγάδες. Στὰ λιμάνια
τὴν Κυριακὴ σὰν κατεβοῦμε ν' ἀνασάνουμε
βλέπουμε νὰ φωτίζουνται στὸ ἡλιόγερμα
σπασμένα ξύλα ἀπὸ ταξίδια ποὺ δὲν τέλειωσαν
σώματα ποὺ δὲν ξέρουν πιὰ πῶς ν' ἀγαπήσουν.

Unser Land ist verschlossen

Unser Land ist verschlossen, nichts als Berge
auf denen Tag und Nacht die niedrige Decke des Himmels liegt.
Wir haben keine Flüsse wir haben keine Brunnen wir haben
keine Quellen,
einzig ein paar Zisternen, leer auch sie, in denen es widerhallt
und zu denen wir beten.
Ein abgestandener Widerhall, hohl, er gleicht unserer Einsamkeit
gleicht unserer Liebe, gleicht unseren Leibern.
Es scheint uns seltsam daß wir einst bauen
konnten
unsre Häuser unsre Hütten und Pferche.
Und unsere Hochzeiten, die frischen Kränze und verschlungenen
Finger
werden unserer Seele zu unauflöslichen Rätseln.
Wie kamen unsere Kinder zustand? wie wuchsen sie groß?

Unser Land ist verschlossen. Die zwei schwarzen Symplegaden
schließen es zu. Wenn wir am Sonntag
zu den Häfen hinabgehn um Luft zu holen
sehen wir im Abendrot leuchten
Holzstücke in Splittern von einer Fahrt die sie nicht vollendeten
Leiber die keine Weise mehr wissen zu lieben.

Τὸ αἷμα σου πάγωνε κάποτε

Τὸ αἷμα σου πάγωνε κάποτε σὰν τὸ φεγγάρι,
μέσα στὴν ἀνεξάντλητη νύχτα τὸ αἷμα σου
ἅπλωνε τὶς ἄσπρες του φτεροῦγες πάνω
στοὺς μαύρους βράχους τὰ σχήματα τῶν δέντρων καὶ τὰ σπίτια
μὲ λίγο φῶς ἀπὸ τὰ παιδικά μας χρόνια.

Dein Blut gefror manchmal

Dein Blut gefror manchmal wie der Mond
in der unausschöpflichen Nacht breitete dein Blut
seine weißen Flügel aus über
die schwarzen Felsen, die Schatten von Bäumen und
Häusern
mit einem schwachen Schein aus unserer Kinderzeit.

Μποτίλια στὸ πέλαγο

Τρεῖς βράχοι λίγα καμένα πεῦκα κι᾽ ἕνα ρημοκλήσι
καὶ παραπάνω
τὸ ἴδιο τοπίο ἀντιγραμμένο ξαναρχίζει·
τρεῖς βράχοι σὲ σχῆμα πύλης, σκουριασμένοι
λίγα καμένα πεῦκα, μαῦρα καὶ κίτρινα
κι ἕνα τετράγωνο σπιτάκι θαμμένο στὸν ἀσβέστη·
καὶ παραπάνω ἀκόμη πολλὲς φορὲς
τὸ ἴδιο τοπίο ξαναρχίζει κλιμακωτὰ
ὥς τὸν ὁρίζοντα ὥς τὸν οὐρανὸ ποὺ βασιλεύει.

᾽Εδῶ ἀράξαμε τὸ καράβι νὰ ματίσουμε τὰ σπασμένα
κουπιά,
νὰ πιοῦμε νερὸ καὶ νὰ κοιμηθοῦμε.
῾Η θάλασσα ποὺ μᾶς πίκρανε εἶναι βαθειὰ κι
ἀνεξερεύνητη
καὶ ξεδιπλώνει μιὰν ἀπέραντη γαλήνη.
᾽Εδῶ μέσα στὰ βότσαλα βρήκαμε ἕνα νόμισμα
καὶ τὸ παίξαμε στὰ ζάρια.
Τὸ κέρδισε ὁ μικρότερος καὶ χάθηκε.

Ξαναμπαρκάραμε μὲ τὰ σπασμένα μας κουπιά.

Flasche im Meer

Drei Felsen ein paar verdorrte Föhren eine verlassene Kapelle
und etwas höher
setzt die gleiche Landschaft neu an zu einem Ebenbild:
drei Felsen in Form eines Tors, rostig
ein paar verdorrte Föhren, schwarz und gelbgefleckt
und ein quadratisches Haus unter Tünche begraben:
und noch weiter oben wiederholt sich
vielfach und leiterweis die nämliche Landschaft
bis zum Horizont hin bis zum abendgeröteten Himmel.

Hier legten wir mit den Schiffen an um die abgebrochenen
    Ruder zu flicken,
um Wasser zu trinken und um zu schlafen.
Das Meer das uns verbittert hat ist tief und nicht
    zu ergründen
und es breitet um sich eine grenzenlose Stille.
Hier unter dem Strandkies fanden wir eine Münze
und warfen darüber die Würfel.
Unser Jüngster gewann sie und ging dann verloren.

Mit unseren abgebrochenen Rudern stachen wir wieder in See.

Ὕδρα

Δελφίνια φλάμπουρα καὶ κανονιές.
Τὸ πέλαγο τόσο πικρὸ γιὰ τὴν ψυχή σου κάποτε,
σήκωνε τὰ πολύχρωμα κι ἀστραφτερὰ καράβια
λύγιζε, τὰ κλυδώνιζε κι ὅλο μαβὶ μ' ἄσπρα
φτερά,
τόσο πικρὸ γιὰ τὴν ψυχή σου κάποτε
τώρα γεμάτο χρώματα στὸν ἥλιο.

Ἄσπρα πανιὰ καὶ φῶς καὶ τὰ κουπιὰ τὰ ὑγρὰ
χτυποῦσαν μὲ ρυθμὸ τυμπάνου ἕνα ἡμερωμένο κύμα.

Θά ἦταν ὡραῖα τὰ μάτια σου νὰ κοίταζαν
θά ἦταν λαμπρὰ τὰ χέρια σου ν' ἁπλώνουνταν
θά ἦταν σὰν ἄλλοτε ζωηρὰ τὰ χείλια σου
μπρὸς σ' ἕνα τέτοιο θάμα·
τὸ γύρευες
τί γύρευες μπροστὰ στή στάχτη
ἢ μέσα στὴ βροχὴ στὴν καταχνιὰ στὸν ἄνεμο,
τὴν ὥρα ἀκόμη ποὺ χαλάρωναν τὰ φῶτα
κι ἡ πολιτεία βύθιζε κι' ἀπὸ τὶς πλάκες
σοῦ 'δειχνε τήν καρδιά του ὁ Ναζωραῖος,
τί γύρευες; γιατί δὲν ἔρχεσαι; τί γύρευες;

Hydra

Delphine Flaggen und Böllerschuß.
Das Meer das zu Zeiten deiner Seele so bitter geschmeckt
trug jetzt die vielfarbenen und glänzenden Schiffe
bog sich und wiegte sie und war ein einziges weißgefiedertes
Blau,
hatte zu Zeiten deiner Seele so bitter geschmeckt
lag jetzt farbensatt an der Sonne.

Weiße Segel und Licht und die tropfenden Ruder
schlagen im Takt einer Trommel die besänftigte Welle.

Wären schön, deine Augen, sähen zu
wären hell, deine Hände, streckten sich aus
wären wie schon einmal lebhaft, deine zwei Lippen
angesichts so großen Wunders:
das hast du gesucht
was hast du gesucht in der Asche
im Regen im Nebel im Wind
ja selbst zur Stunde noch wo schon die Lichter ermatteten
wo die Stadt versank und auf dem Pflaster des Gehsteigs
der Nazarener dich sein Herz sehen ließ,
was hast du gesucht? warum kommst du jetzt nicht? was hast
du gesucht?

Τρία κόκκινα περιστέρια μέσα στὸ φῶς

Τρία κόκκινα περιστέρια μέσα στὸ φῶς
χαράζοντας τὴ μοίρα μας μέσα στὸ φῶς
μὲ χρώματα καὶ χειρονομίες ἀνθρώπων
ποὺ ἀγαπήσαμε.

Drei rote Tauben im Licht

Drei rote Tauben im Licht
schneiden unser Schicksal ins Licht
mit den Farben und Gesten früher
von uns geliebter Menschen.

»Quid πλατανὼν opacissimus?«

Ὁ ὕπνος σὲ τύλιξε, σὰν ἕνα δέντρο, μὲ πράσινα φύλλα,
ἀνάσαινες, σὰν ἕνα δέντρο, μέσα στὸ ἥσυχο φῶς,
μέσα στὴ διάφανη πηγὴ κοίταξα τὴ μορφή σου·
κλεισμένα βλέφαρα καὶ τὰ ματόκλαδα χάραζαν τὸ νερό.
Τὰ δάχτυλά μου στὸ μαλακὸ χορτάρι, βρῆκαν τὰ δάχτυλά σου
κράτησα τὸ σφυγμό σου μιὰ στιγμὴ
κι ἔνιωσα ἀλλοῦ τὸν πόνο τῆς καρδιᾶς σου.

Κάτω ἀπὸ τὸ πλατάνι, κοντὰ στὸ νερό, μέσα στὶς δάφνες
ὁ ὕπνος σὲ μετακινοῦσε καὶ σὲ κομμάτιαζε
γύρω μου, κοντά μου, χωρὶς νὰ μπορῶ νὰ σ' ἀγγίξω ὁλόκληρη,
ἑνωμένη μὲ τὴ σιωπή σου·
βλέποντας τὸν ἴσκιο σου νὰ μεγαλώνει καὶ νὰ μικραίνει,
νὰ χάνεται στοὺς ἄλλους ἴσκιους, μέσα στὸν ἄλλο
κόσμο ποὺ σ' ἄφηνε καὶ σὲ κρατοῦσε.

Τὴ ζωὴ ποὺ μᾶς ἔδωσαν νὰ ζήσουμε, τὴ ζήσαμε.
Λυπήσου ἐκείνους ποὺ περιμένουν μὲ τόση ὑπομονὴ
χαμένοι μέσα στὶς μαῦρες δάφνες κάτω ἀπὸ τὰ βαριὰ πλατάνια
κι ὅσους μονάχοι τους μιλοῦν σὲ στέρνες καὶ σὲ πηγάδια
καὶ πνίγουνται μέσα στοὺς κύκλους τῆς φωνῆς.
Λυπήσου τὸ σύντροφο ποὺ μοιράστηκε τὴ στέρησή μας καὶ τὸν ἱδρώτα
καὶ βύθισε μέσα στὸν ἥλιο σὰν κοράκι πέρα ἀπ' τὰ μάρμαρα,
χωρὶς ἐλπίδα νὰ χαρεῖ τὴν ἀμοιβή μας.

Δῶσε μας, ἔξω ἀπὸ τὸν ὕπνο, τὴ γαλήνη.

Quid πλατανὼν opacissimus?

Der Schlaf umhüllte dich, wie ein Baum, mit grünem Laub
du atmetest, wie ein Baum, im stillen Licht
in der klaren Quelle betrachtete ich dein Antlitz:
die Lider geschlossen und die Wimpern streiften das Wasser.
Meine Finger fanden im weichen Gras zu den
    deinen
ich hielt einen Augenblick lang deinen Puls
und spürte von fern das Weh deines Herzens.

Unter der Platane, am Wasser, zwischen dem Lorbeer
entrückte und streute dich der Schlaf
um mich her, zu mir hin, ich kann dich nicht fassen zur
    Gänze,
du bist eins mit deinem Ruhen:
ich seh deinem Schatten zu wie er zunimmt und schwindet
sich in andere Schatten verliert, in die andere
Welt die dich losließ und festhielt.

Wir haben das Leben das wir zu leben hatten gelebt.
Erbarme dich derer die ausharren mit so langer Geduld
Verlorene zwischen dem schwarzen Lorbeer und den schweren
    Platanen
und aller Einsamen die mit Zisternen reden und mit Brunnen
und in den Kreisen ertrinken die ihre Stimme zieht.
Erbarme dich des Gefährten der mit uns teilte Entbehrung und
    Schweiß
und in der Sonne, wie die Krähe hinter den Marmortrümmern,
    versank
ohne Hoffnung auf den Lohn der uns zuteil ward.

Gib uns, auch diesseits des Schlafs, den Frieden.

»Ὄνομα δ' Ὀρέστης«

Στὴ σφενδόνη, πάλι στὴ σφενδόνη, στὴ σφενδόνη,
πόσοι γύροι, πόσοι αἱμάτινοι κύκλοι, πόσες μαῦρες
σειρές· οἱ ἄνθρωποι ποὺ μὲ κοιτάζουν,
ποὺ μὲ κοιτάζαν ὅταν πάνω στὸ ἅρμα
σήκωσα τὸ χέρι λαμπρός, κι ἀλάλαξαν.

Οἱ ἀφροὶ τῶν ἀλόγων μὲ χτυποῦν, τ' ἄλογα πότε
θ' ἀποστάσουν;
Τρίζει ὁ ἄξονας, πυρώνει ὁ ἄξονας, πότε ὁ ἄξονας
θ' ἀνάψει;
Πότε θὰ σπάσουν τὰ λουριά, πότε τὰ πέταλα
θὰ πατήσουν μ' ὅλο τὸ πλάτος πάνω στὸ χῶμα
πάνω στὸ μαλακὸ χορτάρι, μέσα στὶς παπαροῦνες ὅπου
τὴν ἄνοιξη μάζεψες μιὰ μαργαρίτα.
Ἦταν ὡραῖα τὰ μάτια σου μὰ δὲν ἤξερες ποῦ νὰ
κοιτάξεις
δὲν ἤξερα ποῦ νὰ κοιτάξω μήτε κι ἐγώ, χωρὶς πατρίδα
ἐγὼ ποὺ μάχομαι ἐδῶ-πέρα, πόσοι γύροι;
καὶ νιώθω τὰ γόνατα νὰ λυγίζουν πάνω στὸν ἄξονα
πάνω στὶς ρόδες πάνω στὸν ἄγριο στίβο,
τὰ γόνατα λυγίζουν εὔκολα σὰν τὸ θέλουν οἱ θεοί,
κανεὶς δὲ μπορεῖ νὰ ξεφύγει, τί νὰ τὴν κάνεις τὴ δύναμη,
δὲν μπορεῖς
νὰ ξεφύγεις τὴ θάλασσα ποὺ σὲ λίκνισε καὶ ποὺ γυρεύεις
τούτη τὴν ὥρα τῆς ἀμάχης, μέσα στὴν ἀλογίσια ἀνάσα,
μὲ τὰ καλάμια ποὺ τραγουδοῦσαν τὸ φθινόπωρο σὲ τρόπο
λυδικὸ,
τὴ θάλασσα ποὺ δὲν μπορεῖς νὰ βρεῖς ὅσο κι' ἂν τρέχεις
ὅσο κι' ἂν γυρίζεις μπροστὰ στὶς μαῦρες Εὐμενίδες ποὺ
βαριοῦνται,
χωρὶς συχώρεση.

Er heißt aber Orest

Auf die Bahn, und wieder die Bahn, die Bahn,
wie oft die Umdrehung, wie viele blutige Runden, wie viele
Reihen schwarz von Menschen die mir zusehen,
die mir zusahen als ich auf dem Wagen
leuchtend die Hand hob, und jubelten.

Mich trifft Schaum von den Pferden, die Pferde: wann werden
sie müde?
Die Achse schreit, die Achse läuft heiß, die Achse: wann flammt
sie auf?
Wann reißen die Zügel, wann werden die Hufe
mit ganzer Gewalt die Erde zerstampfen
das weiche Gras, durch den Mohn wo du
im Frühjahr noch ein Maßliebchen brachst.
Sie waren schön deine Augen aber du wußtest nicht wohin sie
wenden
noch wußte auch ich wohin mit den meinen, ich heimatlos
ich hier auf der Kampfbahn, wie viele Runden?
und spüre wie mir die Kniee wanken über der Achse
über den Rädern über der rohen Piste
leicht kommen die Knie ins Wanken wenn die Götter es wollen
keiner entkommt, deine Kraft mag noch so groß sein, du
entkommst nicht
dem Meer das dich wiegte das du suchst
solang dieser Kampf geht, im Keuchen der Pferde
das Meer und sein Röhricht das im Herbst lydische Weisen
singt
das Meer das du nicht findest soviel du auch läufst
sooft du umkreisest die schwarzen Eumeniden, die vor sich
hindösen
und niemals vergeben.

Ἀστυάναξ

Τώρα ποὺ θὰ φύγεις πάρε μαζί σου καὶ τὸ παιδὶ
ποὺ εἶδε τὸ φῶς κάτω ἀπὸ ἐκεῖνο τὸ πλατάνι,
μιὰ μέρα ποὺ ἀντηχοῦσαν σάλπιγγες κι᾿ ἔλαμπαν ὅπλα
καὶ τ᾿ ἄλογα ἱδρωμένα σκύβανε ν᾿ ἀγγίξουν
τὴν πράσινη ἐπιφάνεια τοῦ νεροῦ
στὴ γούρνα μὲ τὰ ὑγρά τους τὰ ρουθούνια.

Οἱ ἐλιὲς μὲ τὶς ρυτίδες τῶν γονιῶν μας
τὰ βράχια μὲ τὴ γνώση τῶν γονιῶν μας
καὶ τὸ αἷμα τοῦ ἀδελφοῦ μας ζωντανὸ στὸ χῶμα
ἤτανε μιὰ γερὴ χαρὰ μιὰ πλούσια τάξη
γιὰ τὶς ψυχὲς ποὺ γνώριζαν τὴν προσευχή τους.

Τώρα ποὺ θὰ φύγεις, τώρα ποὺ ἡ μέρα τῆς πληρωμῆς
χαράζει, τώρα ποὺ κανεὶς δὲν ξέρει
ποιὸν θὰ σκοτώσει καὶ πῶς θὰ τελειώσει,
πάρε μαζί σου τὸ παιδὶ ποὺ εἶδε τὸ φῶς
κάτω ἀπ᾿ τὰ φύλλα ἐκείνου τοῦ πλατάνου
καὶ μάθε του νὰ μελετᾶ τὰ δέντρα.

Astyanax

Nun da du fortgehst nimm auch den Knaben mit
der unter jener Platane das Licht erblickt hat
eines Tages als Trompeten schmetterten Waffen glänzten
und die schwitzenden Pferde sich streckten
bis sie die grüne Fläche des Wassers
im Becken mit ihren feuchten Nüstern erreichten.

Die Ölbäume mit der zerfurchten Haut unserer Väter
die Felsen mit dem Wissen unserer Väter
unseres Bruders lebendiges Blut in der Erde
sie waren eine starke Freude eine reiche Ordnung
für die Seelen derer die ihr Gebet vernahmen.

Nun da du fortgehst, nun da der Tag unseres Lohns
anbricht, nun da keiner weiß
wen er erschlagen wird und wie er selbst endet,
nimm auch den Knaben mit der das Licht erblickt hat
unter dem Laub jener Platane dort
und unterweise ihn in der Kenntnis der Bäume.

Λυποῦμαι γιατὶ ἄφησα

Λυποῦμαι γιατὶ ἄφησα νὰ περάσει ἕνα πλατὺ ποτάμι
μέσα ἀπὸ τὰ δάχτυλά μου
χωρὶς νὰ πιῶ οὔτε μιὰ στάλα.
Τώρα βυθίζομαι στὴν πέτρα.
Ἕνα μικρὸ πεῦκο στὸ κόκκινο χῶμα,
δὲν ἔχω ἄλλη συντροφιά.
Ὅ,τι ἀγάπησα χάθηκε μαζὶ μὲ τὰ σπίτια
ποὺ ἦταν καινούργια τὸ περασμένο καλοκαίρι
καὶ γκρέμισαν μὲ τὸν ἀγέρα τοῦ φθινοπώρου.

Mich reut der breite Fluß

Mich reut der breite Fluß den ich durch meine Finger
    rinnen ließ
ohne einen einzigen Tropfen zu trinken.
Jetzt versinke ich im Gestein.
Eine kleine Föhre in der roten Erde,
weiter kein Weggenoß.
Was ich liebte ist dahin mit den Häusern
die im letzten Sommer noch neu waren
und dann einstürzten im Herbstwind.

Κι᾽ ἂν ὁ ἀγέρας φυσᾶ

Κι ἂν ὁ ἀγέρας φυσᾶ δὲ μᾶς δροσίζει
κι ὁ ἴσκιος μένει στενὸς κάτω ἀπ᾽ τὰ κυπαρίσσια
κι ὅλο τριγύρω ἀνήφοροι στὰ βουνά·

μᾶς βαραίνουν
οἱ φίλοι ποὺ δὲν ξέρουν πιὰ πῶς νὰ πεθάνουν.

Auch wenn er weht

Auch wenn er weht erfrischt uns der Wind nicht
und der Schatten bleibt schmal unter den Zypressen
und ringsum steile Hänge bergauf:

eine Last sind uns
die Freunde die nicht mehr wissen wie sterben.

Ἀνδρομέδα

Στὸ στῆθος μου ἡ πληγὴ ἀνοίγει πάλι
ὅταν χαμηλώνουν τ' ἄστρα καὶ συγγενεύουν μὲ τὸ κορμί
μου
ὅταν πέφτει σιγὴ κάτω ἀπὸ τὰ πέλματα τῶν ἀνθρώπων.

Αὐτὲς οἱ πέτρες ποὺ βουλιάζουν μέσα στὰ χρόνια ὥς ποῦ
θά μὲ παρασύρουν;
Τὴ θάλασσα τὴ θάλασσα, ποιὸς θὰ μπορέσει νὰ τὴν
ἐξαντλήσει;
Βλέπω τὰ χέρια κάθε αὐγὴ νὰ γνέφουν στὸ γύπα καὶ στὸ
γεράκι
δεμένη πάνω στὸ βράχο ποὺ ἔγινε μὲ τὸν πόνο δικός
μου,
βλέπω τὰ δέντρα ποὺ ἀνασαίνουν τὴ μαύρη γαλήνη τῶν
πεθαμένων
κι ἔπειτα τὰ χαμόγελα, ποὺ δὲν προχωροῦν, τῶν
ἀγαλμάτων.

Andromeda

In meiner Brust öffnet sich die Wunde aufs neue
wenn die Sterne sinken und sich mit meinem Leib verschwägern
wenn Stille herabfällt hinter den Schritten der Menschen.

Diese Steine die in die Jahre einsinken, wohin ziehen sie
mich?
Das Meer das Meer, wo ist der der es leerschöpfen
könnte?
Allmorgendlich sehe ich die Hände zuwinken dem Geier und
dem Falken,
eine Festgebundene an den Fels der durch Schmerz mein
Eigentum ward,
ich sehe wie die Bäume die schwarze Stille der Toten
atmen
und alsbald das unverrückbare Lächeln der
Statuen.

Ἐμεῖς ποὺ ξεκινήσαμε

Ἐμεῖς ποὺ ξεκινήσαμε γιὰ τὸ προσκύνημα τοῦτο
κοιτάξαμε τὰ σπασμένα ἀγάλματα
ξεχαστήκαμε καὶ εἴπαμε πὼς δὲ χάνεται ἡ ζωὴ τόσο
εὔκολα
πὼς ἔχει ὁ θάνατος δρόμους ἀνεξερεύνητους
καὶ μιὰ δική του δικαιοσύνη·

πὼς ὅταν ἐμεῖς ὀρθοὶ στὰ πόδια μας πεθαίνουμε
μέσα στὴν πέτρα ἀδερφωμένοι
ἑνωμένοι μὲ τὴ σκληρότητα καὶ τὴν ἀδυναμία,
οἱ παλαιοὶ νεκροὶ ξεφύγαν ἀπ' τὸν κύκλο καὶ
ἀναστήθηκαν
καὶ χαμογελᾶνε μέσα σὲ μιὰ παράξενη ἡσυχία.

Wir die wir auszogen

Wir die wir auszogen zu dieser Pilgerfahrt
betrachteten die zerbrochenen Statuen
nachdenklich, und sagten uns daß das Leben nicht so einfach
verloren geht
und der Tod unerforschliche Wege hat
und seine eigne Gerechtigkeit:

daß wenn wir aufrecht auf unseren Füßen sterben
dem Felsen vermählt
geeint in Härte und Hinfälligkeit
die alten Toten dem Kreis des Geschicks entflohen sind und
auferstanden
lächelnd in einer Ruhe die wundernimmt.

Γιατὶ περάσαν τόσα καὶ τόσα

Γιατὶ περάσαν τόσα καὶ τόσα μπροστὰ στὰ μάτια μας
ποὺ καὶ τὰ μάτια μας δὲν εἶδαν τίποτε, μὰ παραπέρα
καὶ πίσω ἡ μνήμη σὰν τὸ ἄσπρο πανὶ μιὰ νύχτα σὲ μιὰ
μάντρα
ποὺ εἴδαμε ὁράματα παράξενα, περισσότερο κι᾽ ἀπὸ σένα,
νὰ περνοῦν καὶ νὰ χάνουνται μέσα στὸ ἀκίνητο φύλλωμα
μιᾶς πιπεριᾶς·

γιατὶ γνωρίσαμε τόσο πολὺ τούτη τὴ μοίρα μας
στριφογυρίζοντας μέσα σὲ σπασμένες πέτρες, τρεῖς ἢ ἕξι
χιλιάδες χρόνια
ψάχνοντας σὲ οἰκοδομὲς γκρεμισμένες ποὺ θὰ ἦταν ἴσως τὸ
δικό μας σπίτι
προσπαθώντας νὰ θυμηθοῦμε χρονολογίες καὶ ἡρωικὲς
πράξεις·
θὰ μπορέσουμε;

γιατὶ δεθήκαμε καὶ σκορπιστήκαμε
καὶ παλέψαμε μὲ δυσκολίες ἀνύπαρχτες ὅπως λέγαν,
χαμένοι, ξαναβρίσκοντας ἕνα δρόμο γεμάτο τυφλὰ
συντάγματα,
βουλιάζοντας μέσα σὲ βάλτους καὶ μέσα στὴ λίμνη τοῦ
Μαραθώνα,
θὰ μπορέσουμε νὰ πεθάνουμε κανονικά;

Da nun vieles und so viel vorüberzog

Da nun vieles und so viel vorüberzog vor unseren Augen
daß auch die Augen nichts mehr sahen, nur noch was dahinterlag
auf der weißen Plane der Erinnerung eines Nachts in
einer Umfriedung
als uns fremde Gesichte erschienen, noch fremder als du
und vorüberglitten und vergingen im reglosen Laub eines
Pfefferbaums:

da wir so gut dies unser Schicksal erkannten
Irrende zwischen zerbrochenen Steinen seit drei- oder
sechstausend Jahren
Stocherer in geborstenem Bauwerk das leicht unser eigenes
Haus wär
gelehrige Schüler von Jahreszahlen und heroischen
Taten:
gelingt es uns noch,

da wir aneinander gebunden und versprengt
im Kampf, wie es heißt, mit unechten Schwierigkeiten
verirrt und wiedergelangt auf eine Straße die voll ist von blinden
Heerzügen
versinkend im Schlamm und im See von
Marathon,
gelingt es uns noch rechtens zu sterben?

Λίγο ἀκόμα

Λίγο ἀκόμα
θὰ ἰδοῦμε τὶς ἀμυγδαλιὲς ν' ἀνθίζουν
τὰ μάρμαρα νὰ λάμπουν στὸν ἥλιο
τὴ θάλασσα νὰ κυματίζει

λίγο ἀκόμα,
νὰ σηκωθοῦμε λίγο ψηλότερα.

Nur ein Weniges noch

Nur ein Weniges noch
und wir werden die Mandeln blühen sehen
den Marmor in der Sonne leuchten
und das Meer sich wiegen

nur ein Weniges noch,
um ein Weniges laßt uns höher hinauf.

Ἐδῶ τελειώνουν τὰ ἔργα

Ἐδῶ τελειώνουν τὰ ἔργα τῆς θάλασσας, τὰ ἔργα τῆς
ἀγάπης.
Ἐκεῖνοι ποὺ κάποτε θὰ ζήσουν ἐδῶ ποὺ τελειώνουμε
ἄν τύχει καὶ μαυρίσει στὴ μνήμη τους τὸ αἷμα καὶ
ξεχειλίσει
ἄς μὴ μᾶς ξεχάσουν, τὶς ἀδύναμες ψυχὲς μέσα
στ᾽ ἀσφοδίλια,
ἂς γυρίσουν πρός τὸ ἔρεβος τὰ κεφάλια τῶν
θυμάτων:

Ἐμεῖς ποὺ τίποτε δὲν εἴχαμε θὰ τοὺς διδάξουμε τὴ γαλήνη.

Δεκέμβρης 1933 – Δεκέμβρης 1934

Hier enden die Werke

Hier enden die Werke des Meeres die Werke der
 Liebe.
Jene die einmal leben hier wo wir enden
wenn es geschieht daß Blut in ihrer Erinnerung dunkelt und
 überfließt
mögen sie unser gedenken, der kraftlosen Schatten unter den
 Asphodelen,
mögen sie dem Totenreich zu den Kopf ihres Opfertiers
 wenden:

Wir die wir nichts besaßen werden sie lehren den Frieden.

Dezember 1933 – Dezember 1934

Γυμνοπαιδία

῾Η Θήρα γεωλογικῶς συνίσταται ἐξ ἐλαφρόπετρας καὶ πορσελάνης, ἐν τῷ κόλπῳ δ' αὐτῆς . . . ἐφάνησαν καὶ κατεβυθίσθησαν νῆσοι. ῾Υπῆρξε κέντρον ἀρχαιοτάτης θρησκείας ἔνθα ἐτελοῦντο λυρικοὶ χοροὶ αὐστηροῦ καὶ βαρέος ρυθμοῦ καλούμενοι γυμνοπαιδίαι.

῾Οδηγὸς τῆς ῾Ελλάδος

Gymnopädie

Santorin (das alte Thera) besteht, geologisch gesehen, aus Bimsstein und Ton; in seiner Bucht ... sind zu verschiedenen Zeiten Inseln aufgetaucht und wieder versunken. Thera war der Ausgangspunkt für einen uralten Kult, in dem nach einem strengen und schweren Rhythmus lyrische Tänze aufgeführt wurden, die als *Gymnopaidiai* bekannt waren.

Reiseführer für Griechenland

Α΄. Σαντορίνη

Σκύψε ἂν μπορεῖς στὴ θάλασσα τὴ σκοτεινὴ
ξεχνώντας
τὸν ἦχο μιᾶς φλογέρας πάνω σὲ πόδια γυμνὰ
ποὺ πάτησαν τὸν ὕπνο σου στὴν ἄλλη ζωὴ τὴ
βυθισμένη.

Γράψε ἂν μπορεῖς στὸ τελευταῖο σου ὄστρακο
τὴ μέρα τ' ὄνομα τὸν τόπο
καὶ ρίξε το στὴ θάλασσα γιὰ νὰ βουλιάξει.

Βρεθήκαμε γυμνοὶ πάνω στὴν ἀλαφρόπετρα
κοιτάζοντας τ' ἀναδυόμενα νησιὰ
κοιτάζοντας τὰ κόκκινα νησιὰ νὰ βυθίζουν
στὸν ὕπνο τους, στὸν ὕπνο μας.
Ἐδῶ βρεθήκαμε γυμνοὶ κρατώντας
τὴ ζυγαριὰ ποὺ βάραινε κατὰ τὸ μέρος
τῆς ἀδικίας.

Φτέρνα τῆς δύναμης θέληση ἀνίσκιωτη λογαριασμένη
ἀγάπη
στὸν ἥλιο τοῦ μεσημεριοῦ σχέδια ποὺ ὡριμάζουν,
δρόμος τῆς μοίρας μὲ τὸ χτύπημα τῆς νέας παλάμης
στὴν ὠμοπλάτη·
στὸν τόπο ποὺ σκορπίστηκε ποὺ δὲν ἀντέχει
στὸν τόπο ποὺ ἦταν κάποτε δικός μας
βουλιάζουν τὰ νησιὰ σκουριὰ καὶ στάχτη.

Βωμοὶ γκρεμισμένοι
κι οἱ φίλοι ξεχασμένοι
φύλλα τῆς φοινικιᾶς στὴ λάσπη.

I. Santorin

Neige dich wenn du kannst über das verdunkelte Meer und
vergiß
den Flötenton über den nackten Füßen
die deinen Schlaf zertraten in dem anderen, dem versunkenen
Leben.

Schreib wenn du kannst auf deine letzte Scherbe
den Tag den Namen den Ort des Urteils
und wirf sie ins Meer daß sie untergeht.

Wir blickten uns um und standen nackt auf dem Bimsstein
und sahen die emporgestiegenen Inseln
und sahen wie die roten Inseln versanken
in ihren Schlaf, in unseren Schlaf.
Hier standen wir nackt, in unsrer Hand hing
die Waage die sich senkte nach der Seite
des Unrechts.

Sehnige Ferse der Kraft schattenloser Wille wohlerwogene
Liebe
an mittäglicher Sonne reifende Pläne,
Weg der Bestimmung unter dem Schlag der jungen Hand
auf der Schulter,
an dem Ort der auseinanderfiel, der nicht standhielt
an dem Ort der einmal der unsere war
versinken die Inseln in Asche und Rost.

Altäre in Trümmern
und die Freunde vergessen
Blätter der Dattelpalme im Kot.

Ἄφησε τὰ χέρια σου ἂν μπορεῖς, νὰ ταξιδέψουν
ἐδῶ στὴν κόχη τοῦ καιροῦ μὲ τὸ καράβι
ποὺ ἄγγιξε τὸν ὁρίζοντα.
Ὅταν ὁ κύβος χτύπησε τὴν πλάκα
ὅταν ἡ λόγχη χτύπησε τὸ θώρακα
ὅταν τὸ μάτι γνώρισε τὸν ξένο
καὶ στέγνωσε ἡ ἀγάπη
μέσα σὲ τρύπιες ψυχές·
ὅταν κοιτάζεις γύρω σου καὶ βρίσκεις
κύκλο τὰ πόδια θερισμένα
κύκλο τὰ χέρια πεθαμένα
κύκλο τὰ μάτια σκοτεινά·
ὅταν δὲ μένει πιὰ οὔτε νὰ διαλέξεις
τὸ θάνατο ποὺ γύρευες δικό σου,
ἀκούγοντας μιὰ κραυγὴ
ἀκόμη καὶ τοῦ λύκου τὴν κραυγή,
τὸ δίκιο σου·
ἄφησε τὰ χέρια σου ἂν μπορεῖς νὰ ταξιδέψουν
ξεκόλλησε ἀπ' τὸν ἄπιστο καιρὸ
καὶ βούλιαξε,
βουλιάζει ὅποιος σηκώνει τὶς μεγάλες πέτρες.

Laß deine Hände wenn du kannst auf Fahrt gehn
hier an der Wende der Zeit mit dem Schiff
das den Horizont eben berührt hat.
Als der Würfel auf der Steinfliese aufschlug
als der Speer auf dem Brustpanzer aufschlug
als das Auge den Fremden erkannte
und die Liebe verdorrt war
in löchrigen Seelen:
wenn du dich umsiehst und findest
ringsum die Füße abgemäht
ringsum die Hände tot
ringsum die Augen verdunkelt:
wenn dir versagt wird zu suchen
den Tod den du dir auserwählt hast,
und du erkennst einen Schrei
und sei es auch der Schrei des Wolfs
als dein Teil:
dann laß deine Hände wenn du kannst auf Fahrt gehn
entwinde dich der treulosen Zeit
und versink,
es sinkt nur wer die schweren Steine trägt.

Β'. Μυκῆνες

Δῶσ' μου τὰ χέρια σου, δῶσ' μου τὰ χέρια σου, δῶσ' μου τὰ
χέρια σου.

Εἶδα μέσα στὴ νύχτα
τὴ μυτερὴ κορυφὴ τοῦ βουνοῦ
εἶδα τὸν κάμπο πέρα πλημμυρισμένο
μὲ τὸ φῶς ἑνὸς ἀφανέρωτου φεγγαριοῦ
εἶδα, γυρίζοντας τὸ κεφάλι
τὶς μαῦρες πέτρες συσπειρωμένες
καὶ τὴ ζωή μου τεντωμένη σὰ χορδὴ
ἀρχὴ καὶ τέλος
ἡ τελευταία στιγμή·
τὰ χέρια μου.

Βουλιάζει ὅποιος σηκώνει τὶς μεγάλες πέτρες·
τοῦτες τὶς πέτρες τὶς ἐσήκωσα ὅσο βάσταξα
τοῦτες τὶς πέτρες τὶς ἀγάπησα ὅσο βάσταξα
τοῦτες τὶς πέτρες, τὴ μοίρα μου.
Πληγωμένος ἀπὸ τὸ δικό μου χῶμα
τυραννισμένος ἀπὸ τὸ δικό μου πουκάμισο
καταδικασμένος ἀπὸ τοὺς δικούς μου θεούς,
τοῦτες τὶς πέτρες.

Ξέρω πὼς δὲν ξέρουν, ἀλλὰ ἐγὼ
ποὺ ἀκολούθησα τόσες φορὲς
τὸ δρόμο ἀπ' τὸ φονιὰ στὸ σκοτωμένο
ἀπὸ τὸ σκοτωμένο στὴν πληρωμὴ
κι ἀπὸ τὴν πληρωμὴ στὸν ἄλλο φόνο,
ψηλαφώντας
τὴν ἀνεξάντλητη πορφύρα
τὸ βράδυ ἐκεῖνο τοῦ γυρισμοῦ
ποὺ ἄρχισαν νὰ σφυρίζουν οἱ Σεμνὲς

II. Mykene

Gib mir die Hände, gib mir die Hände, gib mir die
Hände.

Ich sah inmitten der Nacht
den spitzen Gipfel des Berges
ich sah die Ebene weithin überschwemmt
vom Licht eines unsichtbaren Mondes
ich sah, den Kopf wendend
die schwarzen Steine zusammengeschart
und mein Leben ausgespannt wie eine Saite
Anfang und Ende
den letzten Augenblick:
meine Hände.

Wer die schweren Steine trägt versinkt:
die Steine da ich hielt sie solang ichs ertrug
die Steine da ich liebte sie solang ichs ertrug
die Steine da, mein Schicksal.
Verwundet von meiner eigenen Erde
versengt von meinem eigenen Gewand
verurteilt von meinen eigenen Göttern,
den Steinen da.

Ich weiß daß sie nicht wissen, aber ich
der ich sovielmal gefolgt bin
dem Weg vom Mörder bis zum Erschlagenen
vom Erschlagenen zur Vergeltung
und von der Vergeltung zum anderen Mord,
und mit dem Finger rührte
an den unstillbaren Purpur
bei jener abendlichen Rückkehr
als die *Sehr Keuschen* anhoben mit ihrem Gepfeif

στὸ λιγοστὸ χορτάρι –
εἶδα τὰ φίδια σταυρωτὰ μὲ τὶς ὀχιὲς
πλεγμένα πάνω στὴν κακὴ γενιὰ
τὴ μοίρα μας.

Φωνὲς ἀπὸ τὴν πέτρα ἀπὸ τὸν ὕπνο
βαθύτερες ἐδῶ ποὺ ὁ κόσμος σκοτεινιάζει,
μνήμη τοῦ μόχθου ριζωμένη στὸ ρυθμὸ
ποὺ χτύπησε τὴ γῆς μὲ πόδια
λησμονημένα.
Σώματα βυθισμένα στὰ θεμέλια
τοῦ ἄλλου καιροῦ, γυμνά. Μάτια
προσηλωμένα προσηλωμένα, σ' ἕνα σημάδι
ποὺ ὅσο κι' ἂν θέλεις δὲν τὸ ξεχωρίζεις·
ἡ ψυχὴ
ποὺ μάχεται γιὰ νὰ γίνει ψυχή σου.

Μήτε κι' ἡ σιωπὴ εἶναι πιὰ δική σου
ἐδῶ ποὺ σταματῆσαν οἱ μυλόπετρες.

'Οχτώβρης 1935

in dem dünnen Gras –
ich habe die Schlangen und Nattern gesehen kreuzweis
ineinanderverschlungen über einem bösen Geschlecht
unser Schicksal.

Stimmen aus dem Stein aus dem Schlaf
gedämpfter hier wo die Welt sich verdunkelt,
Erinnerung an Beschwernis dem Rhythmus entwachsen
der die Erde schlug
mit vergessenen Füßen.
Leiber hinabgesunken bis zu den Grundfesten
und nackt, einer anderen Zeit. Augen
gebannt gebannt von einem Zeichen
das sich wie sehr du auch willst nicht erkennen läßt:
die Seele
die darum ringt deine Seele zu sein.

Selbst das Schweigen ist nicht mehr dein eigenes
denn hier sind auch die Mühlsteine verstummt.

Oktober 1935

»Κίχλη«

Δαίμονος ἐπιπόνου καὶ τύχης χαλεπῆς ἐφήμερον σπέρμα,
τί με βιάζεσθε λέγειν, ἃ ὑμῖν ἄρειον μὴ γνῶναι.

῾Ο Σειληνὸς στὸν Μίδα

Die »Drossel«

Eines grausamen Dämons und schweren Geschicks hinfälliger Sproß, warum zwingt ihr mich zu sagen, was euch besser wäre nicht zu erfahren?

Silen zu Midas

Α΄. Τὸ σπίτι κοντὰ στὴ θάλασσα

Τὰ σπίτια ποὺ εἶχα μοῦ τὰ πῆραν. Ἔτυχε
νά 'ναι τὰ χρόνια δίσεχτα· πολέμοι χαλασμοὶ
ξενιτεμοί·
κάποτε ὁ κυνηγὸς βρίσκει τὰ διαβατάρικα πουλιὰ
κάποτε δὲν τὰ βρίσκει· τὸ κυνήγι
ἦταν καλὸ στὰ χρόνια μου, πῆραν πολλοὺς τὰ σκάγια·
οἱ ἄλλοι γυρίζουν ἢ τρελαίνουνται στὰ
καταφύγια.

Μὴ μοῦ μιλᾶς γιὰ τ' ἀηδόνι μήτε γιὰ τὸν κορυδαλλὸ
μήτε γιὰ τὴ μικρούλα σουσουράδα
ποὺ γράφει νούμερα στὸ φῶς μὲ τὴν οὐρά της·
δὲν ξέρω πολλὰ πράγματα ἀπὸ σπίτια
ξέρω πὼς ἔχουν τὴ φυλή τους, τίποτε ἄλλο.
Καινούργια στὴν ἀρχή, σὰν τὰ μωρὰ
ποὺ παίζουν στὰ περβόλια μὲ τὰ κρόσσια τοῦ ἥλιου,
κεντοῦν παραθυρόφυλλα χρωματιστὰ καὶ πόρτες
γυαλιστερὲς πάνω στὴ μέρα·
ὅταν τελειώσει ὁ ἀρχιτέκτονας ἀλλάζουν,
ζαρώνουν ἢ χαμογελοῦν ἢ ἀκόμη πεισματώνουν
μ' ἐκείνους ποὺ ἔμειναν μ' ἐκείνους ποὺ ἔφυγαν
μ' ἄλλους ποὺ θὰ γυρίζανε ἂν μποροῦσαν
ἢ ποὺ χαθῆκαν, τώρα ποὺ ἔγινε
ὁ κόσμος ἕνα ἀπέραντο ξενοδοχεῖο.

Δὲν ξέρω πολλὰ πράγματα ἀπὸ σπίτια,
θυμᾶμαι τὴ χαρά τους καὶ τὴ λύπη τους
καμιὰ φορά, σὰ σταματήσω·
ἀκόμη
καμιὰ φορά, κοντὰ στὴ θάλασσα, σὲ κάμαρες γυμνὲς
μ' ἕνα κρεβάτι σιδερένιο χωρὶς τίποτε δικό μου
κοιτάζοντας τὴ βραδινὴν ἀράχνη συλλογιέμαι

I. Das Haus am Meer

Die Häuser die ich besaß haben sie mir genommen. Es war so
daß die Zeit aus den Fugen geriet: Kriege Trümmer
      Verbannungen:
manchmal findet der Jäger die Zugvögel auf dem Durchflug
manchmal bleiben sie aus: zu meiner Zeit
war die Jagd gut gewesen, viele kamen um in den Feuersbrünsten,
die übrigen streifen umher oder verlieren in den
      Schlupfwinkeln den Verstand.

Sprich mir nicht von der Nachtigall oder der Lerche
noch auch von der zierlichen Bachstelze
die mit dem Schwanz Ziffern ins Licht schreibt:
mit Häusern kenne ich mich nicht sehr gut aus
nur daß sie Wesen von eigener Art sind weiß ich, sonst nichts.
Anfangs sind sie neu, wie die Kinder
die in den Gärten mit den Zotteln der Sonne spielen,
sticken sie farbig die Fensterläden und glänzend
die Türen in den Tag:
wenn der Baumeister fertig ist verändern sie sich,
sie werden runzlig oder lächeln oder auch: sie verhärten sich
vor denen die bleiben vor denen die fortgehen
vor den anderen die zurückkämen wenn sie könnten
oder den Unauffindbaren jetzt da verwandelt ist
die Welt in ein grenzenloses Hospiz.

Mit Häusern kenne ich mich nicht sehr gut aus,
ich erinnere mich an ihre Freude und an ihre Trauer
manchesmal, wenn ich innehalte:
                                        und wiederum
manchesmal, am Meer, in leeren Zimmern
mit einer eisernen Bettstatt in denen nichts mir gehört
denke ich mir, und sehe dabei der abendlichen Spinne zu

πὼς κάποιος ἑτοιμάζεται νὰ 'ρθεῖ, πὼς τὸν στολίζουν
μ' ἄσπρα καὶ μαῦρα ροῦχα μὲ πολύχρωμα κοσμήματα
καὶ γύρω του μιλοῦν σιγὰ σεβάσμιες δέσποινες
γκρίζα μαλλιὰ καὶ σκοτεινὲς δαντέλες,
πὼς ἑτοιμάζεται νὰ 'ρθεῖ νὰ μ' ἀποχαιρετίσει·
ἤ, μιὰ γυναίκα ἑλικοβλέφαρη βαθύζωνη
γυρίζοντας ἀπὸ λιμάνια μεσημβρινά,
Σμύρνη Ρόδο Συρακοῦσες 'Αλεξάντρεια,
ἀπὸ κλειστὲς πολιτεῖες σὰν τὰ ζεστὰ παραθυρόφυλλα,
μὲ ἀρώματα χρυσῶν καρπῶν καὶ βότανα,
πὼς ἀνεβαίνει τὰ σκαλιὰ χωρὶς νὰ βλέπει
ἐκείνους ποὺ κοιμήθηκαν κάτω ἀπ' τὴ σκάλα.

Ξέρεις τὰ σπίτια πεισματώνουν εὔκολα, σὰν τὰ
γυμνώσεις.

wie einer sich bereit macht zur Ankunft, wie sie ihn schmücken:
mit weißen und schwarzen Kleidern mit vielfarbigem Zierat
und um ihn her in gesetzter Rede ehrwürdige Damen
in grauem Haar und dunkler Spitze,
wie er sich bereit macht zu kommen und Abschied zu nehmen;
oder auch eine tiefgegürtete Frau mit geschwungenen Wimpern
bei der Rückkehr von südlichen Häfen,
Smyrna Rhodos Syrakus Alexandria,
von Städten so verschlossen wie Fensterläden gegen die Hitze,
wie sie im Duft goldener Früchte und Kräuter
die Stufen hinaufgeht und sich nicht umblickt
nach denen die unter der Treppe liegen und schlafen.

Du mußt wissen die Häuser verhärten sich leicht, wenn du sie
leerst.

Β΄. Ὁ ἡδονικὸς Ἐλπήνωρ

Τὸν εἶδα χτὲς νὰ σταματᾶ στὴν πόρτα
κάτω ἀπὸ τὸ παράθυρό μου· θά 'ταν
ἑφτὰ περίπου· μιὰ γυναίκα ἦταν μαζί του.
Εἶχε τὸ φέρσιμο τοῦ Ἐλπήνορα, λίγο πρὶν πέσει
νὰ τσακιστεῖ, κι ὅμως δὲν ἦταν μεθυσμένος.
Μιλοῦσε πολὺ γρήγορα, κι ἐκείνη
κοίταζε ἀφηρημένη πρὸς τοὺς φωνογράφους·
τὸν ἔκοβε καμιὰ φορὰ νὰ πεῖ μιὰ φράση
κι' ἔπειτα κοίταζε μ' ἀνυπομονησία
ἐκεῖ ποὺ τηγανίζουν ψάρια· σὰν τὴ γάτα.
Αὐτὸς ψιθύριζε μ' ἕνα ἀποτσίγαρο σβηστὸ στὰ χείλια:

– Ἄκουσε ἀκόμη τοῦτο. Στὸ φεγγάρι
τ' ἀγάλματα λυγίζουν κάποτε σὰν τὸ καλάμι
ἀνάμεσα σὲ ζωντανοὺς καρποὺς – τ' ἀγάλματα·
κι ἡ φλόγα γίνεται δροσερὴ πικροδάφνη,
ἡ φλόγα ποὺ καίει τὸν ἄνθρωπο, θέλω νὰ πῶ.

– Εἶναι τὸ φῶς . . . ἴσκιοι τῆς νύχτας . . .

– Ἴσως ἡ νύχτα ποὺ ἄνοιξε, γαλάζιο ρόδι,
σκοτεινὸς κόρφος, καὶ σὲ γέμισε ἄστρα
κόβοντας τὸν καιρό.
Κι ὅμως τ' ἀγάλματα
λυγίζουν κάποτε, μοιράζοντας τὸν πόθο
στὰ δυό, σὰν τὸ ροδάκινο· κι ἡ φλόγα
γίνεται φίλημα στὰ μέλη κι ἀναφιλητὸ
κι ἔπειτα φύλλο δροσερὸ ποὺ παίρνει ὁ ἄνεμος·
λυγίζουν· γίνουνται ἀλαφριὰ μ' ἕνα ἀνθρώπινο βάρος.
Δὲν τὸ ξεχνᾶς.
– Τ' ἀγάλματά εἶναι στὸ μουσεῖο.
– Ὄχι, σὲ κυνηγοῦν, πῶς δὲν τὸ βλέπεις;

II. Der lüsterne Elpenor

Ich sah ihn gestern in der Tür stehn
oben vom Fenster aus; es wird
gegen sieben gewesen sein; eine Frau war mit ihm.
Er hatte dieselbe Haltung wie Elpenor, kurz bevor er stürzte
und brach, und war doch nicht betrunken.
Er sprach recht schnell, und sie
sah zerstreut zu den Grammophonen hinüber;
ab und zu unterbrach sie ihn um ein Wort zu sagen
dann äugte sie wieder ungeduldig
nach den Fischrosten wie eine Katze.
Er flüsterte, einen erloschenen Stummel zwischen den Lippen:

– »Hör aber auch dies. Im Mond
schwanken die Statuen manchmal wie das Schilf
unter Wasserkürbissen – die Statuen:
und dann wird die Flamme zu frischem Oleander,
die Flamme in der der Mensch brennt, will ich sagen.«

– »Das ist nur das Licht … nächtliches Schattenspiel …«

– »Mag sein die Nacht die sich auftat, ein blauer Granatapfel,
eine dunkle Brust, und dich mit Sternen füllte
indem sie die Zeit zerschnitt.
                                        Und doch, die Statuen
schwanken manchmal, und dann teilen sie unsere Begierde
in zwei, wie einen Pfirsich: und die Flamme
wird Kuß auf den Gliedern und schluchzender Atemzug
und dann ein kühles Blatt das der Wind entführt:
sie schwanken: werden leicht in menschlicher Schwere.
Das vergißt man nicht mehr.«
                                        – »Die Statuen sind im Museum.«
– »Nein, auf dich machen sie Jagd, siehst du das nicht?

θέλω νὰ πῶ μὲ τὰ σπασμένα μέλη τους,
μὲ τὴν ἀλλοτινὴ μορφή τους ποὺ δὲ γνώρισες
κι ὅμως τὴν ξέρεις.
Ὅπως ὅταν
στὰ τελευταῖα τῆς νιότης σου ἀγαπήσεις
γυναίκα ποὺ ἔμεινε ὄμορφη, κι ὅλο φοβᾶσαι,
καθὼς τὴν κράτησες γυμνὴ τὸ μεσημέρι,
τὴ μνήμη ποὺ ξυπνᾶ στὴν ἀγκαλιά σου·
φοβᾶσαι τὸ φιλὶ μὴ σὲ προδώσει
σ' ἄλλα κρεβάτια περασμένα τώρα
ποὺ ὡστόσο θὰ μποροῦσαν νὰ στοιχειώσουν
τόσο εὔκολα τόσο εὔκολα καὶ ν' ἀναστήσουν
εἴδωλα στὸν καθρέφτη, σώματα ποὺ ἦταν μιὰ φορά·
τὴν ἡδονή τους.
Ὅπως ὅταν
γυρίζεις ἀπ' τὰ ξένα καὶ τύχει ν' ἀνοίξεις
παλιὰ κασέλα κλειδωμένη ἀπὸ καιρὸ
καὶ βρεῖς κουρέλια ἀπὸ τὰ ροῦχα ποὺ φοροῦσες
σέ ὄμορφες ὧρες, σὲ γιορτὲς μὲ φῶτα
πολύχρωμα, καθρεφτισμένα, ποὺ ὅλο χαμηλώνουν
καὶ μένει μόνο τὸ ἄρωμα τῆς ἀπουσίας
μιᾶς νέας μορφῆς.
Ἀλήθεια, τὰ συντρίμμια
δὲν εἶναι ἐκεῖνα· ἐσύ 'σαι τὸ ρημάδι·
σὲ κυνηγοῦν μὲ μιὰ παράξενη παρθενιὰ
στὸ σπίτι στὸ γραφεῖο στὶς δεξιώσεις
τῶν μεγιστάνων, στὸν ἀνομολόγητο φόβο τοῦ ὕπνου·
μιλοῦν γιὰ περιστατικὰ ποὺ θά ἤθελες νὰ μὴν ὑπάρχουν
ἢ νὰ γινόντουσαν χρόνια μετὰ τὸ θάνατό σου,
κι αὐτὸ εἶναι δύσκολο γιατὶ . . .
– Τ' ἀγάλματά εἶναι στὸ μουσεῖο.
Καληνύχτα.

ich will sagen mit ihren zerbrochenen Gliedern,
mit ihrer einstigen Gestalt die du nicht kennst
und weißt sie dennoch.
So wie wenn du
in deinen letzten Jugendtagen liebst
eine noch schön gebliebene Frau, und hast immer Angst
sooft du sie nackt am Mittag umfängst
vor der Erinnerung die in deiner Umarmung erwacht:
Angst daß dein Kuß dich verriete
an andere längst vergangene Lager
die dich als Schatten heimsuchen könnten
so leicht so leicht könnten sie auferstehen
Bilder im Spiegel, Körper die einmal waren:
Angst vor ihrer Lust.
So wie wenn du
aus der Fremde zurückkehrst und es fällt dir ein
eine alte vor Zeiten verschlossene Truhe zu öffnen
und findest darin ein zerschlissenes Kleid das du trugst
in schönen Stunden, zu festlicher Zeit hell
von allen Farben und Spiegelglas, und jetzt ganz erloschen
und es riecht nur noch nach dem Nichtmehrsein
einer jungen Gestalt.
Wahrlich die Zerbrochenen
sind nicht jene Statuen: du bist das Trümmerwerk:
Sie sind hinter dir her mit einer seltsamen Jungfernschaft
zuhaus im Amtszimmer auf den Empfängen
der großen Welt, in den uneingestandenen Ängsten des Schlafs:
sie sprechen von geschehenen Dingen von denen du wünschst
es gäbe sie nicht, sie geschähen erst wenn du tot bist,
und das ist schwer zu erfüllen denn ...«
– »Die Statuen sind im Museum.
Gute Nacht jetzt.«

*– . . . γιατὶ τ᾽ ἀγάλματα δὲν εἶναι πιὰ συντρίμμια,
εἴμαστε ἐμεῖς. Τ᾽ ἀγάλματα λυγίζουν ἀλαφριά . . .
καληνύχτα.*

*᾽Εδῶ χωρίστηκαν. Αὐτὸς ἐπῆρε
τὴν ἀνηφόρα ποὺ τραβάει κατὰ τὴν Ἄρκτο
κι αὐτὴ προχώρεσε πρὸς τὸ πολύφωτο ἀκρογιάλι
ὅπου τὸ κύμα πνίγεται στὴ βοὴ τοῦ ραδιοφώνου:*

Τὸ ραδιόφωνο

*»Πανιὰ στὸ φύσημα τοῦ ἀγέρα
ὁ νοῦς δὲν κράτησε ἄλλο ἀπὸ τὴ μέρα.
Ἄρωμα πεύκου καὶ σιγὴ
εὔκολα θ᾽ ἁπαλύνουν τὴν πληγὴ
ποὺ ἔκαμαν φεύγοντας ὁ ναύτης
ἡ σουσουράδα ὁ κοκοβιὸς κι᾽ ὁ μιγοχάφτης.
Γυναίκα ποὺ ἔμεινες χωρὶς ἁφή,
ἄκουσε τῶν ἀνέμων τὴν ταφή.*

*Ἄδειασε τὸ χρυσὸ βαρέλι
ὁ γήλιος ἔγινε κουρέλι
σὲ μιᾶς μεσόκοπης λαιμὸ
ποὺ βήχει καὶ δὲν ἔχει τελειωμό·
τὸ καλοκαίρι ποὺ ταξίδεψε τὴ θλίβει
μὲ τὰ μαλάματα στοὺς ὤμους καὶ στὴν ἥβη.
Γυναίκα ποὺ ἔχασες τὸ φῶς,
ἄκουσε, τραγουδᾶ ὁ τυφλός.*

– »... denn die Statuen sind nicht mehr zerbrochen,
sondern wir. Die Statuen schwanken ganz leicht ... Gute
Nacht.«

Hier trennten sie sich. Er schlug
den steilen Weg ein der zum Großen Bären hinaufzieht
und sie schritt auf den hellerleuchteten Strand zu
wo die Woge ertrinkt im Gebrüll aus dem Radio:

Die Stimme aus dem Radio

»Segel in denen der Wind gespielt
Ist alles was der Sinn von dem Tag behielt
Föhrengeruch und stille Stunde
heilen eilends mir die Wunde
von dem Matrosen der dann entwichen war
von der Bachstelz dem Kaulkopf und dem Star.
Frau die du so kalt gelebt
Hör wie man den Wind begräbt.

Leer ist jetzt der goldene Humpen
Die Sonne hängt nur noch als Lumpen
am Hals von einer der die Jugend zerrann
die hustet und nicht ans Ende kommen kann:
die sich grämt denn ihr Sommer muß enden
mit dem Gold in den Schultern und Lenden.
Frau die du verlorst das Licht
Hör das Lied das der Blinde spricht.

Σκοτείνιασε· κλεῖσε τὰ τζάμια·
κάνε σουραύλια μὲ τὰ χτεσινὰ καλάμια,
καὶ μὴν ἀνοίγεις ὅσο κι' ἂ χτυποῦν·
φωνάζουν μὰ δὲν ἔχουν τί νὰ ποῦν.
Πάρε κυκλάμινα, πευκοβελόνες,
κρίνα ἀπ' τὴν ἄμμο, κι' ἀπ' τὴ θάλασσα ἀνεμῶνες·
γυναίκα ποὺ ἔχασες τὸ νοῦ,
ἄκου, περνᾶ τὸ ξόδι τοῦ νεροῦ . . .

– 'Αθῆναι. 'Ανελίσσονται ραγδαίως
τὰ γεγονότα ποὺ ἤκουσε μὲ δέος
ἡ κοινὴ γνώμη. 'Ο κύριος ὑπουργὸς
ἐδήλωσεν, Δὲν μένει πλέον καιρός . . .
. . . πάρε κυκλάμινα . . . πευκοβελόνες . . .
κρίνα ἀπ' τὴν ἄμμο . . . πευκοβελόνες . . .
γυναίκα . . .
– . . . ὑπερτερεῖ συντριπτικῶς.
'Ο πόλεμος . . .«

Ψυχαμοιβός.

Es ist dunkel geworden schließe das Tor:
mach eine Flöte aus dem gestrigen Rohr
und öffne nicht mehr wer es auch sei,
es hat nichts zu sagen es ist nur Geschrei.
Nimm Zyklamen und Föhrennadeln vom Strand
vom Meer Anemonen und Lilien vom Sand:
Frau jetzt bist du nicht mehr klug
Hör vom Wasser den Leichenzug ...

– Athen. Die Lage hat sich rapid
verschlechtert, Beunruhigung herrscht
in der Öffentlichkeit. Der Minister erklärt dazu,
die Zeit reiche nicht aus ...
– ... nimm Zyklamen ... Föhrennadeln ...
Lilien von Sand ... Föhrennadeln ...
Frau ...
– ... erdrückende Übermacht.
Der Krieg ...«
Tauscht Seelen gegen Asche.

Γ΄. Τὸ ναυάγιο τῆς »Κίχλης«

»Τὸ ξύλο αὐτὸ ποὺ δρόσιζε τὸ μέτωπό μου
τὶς ὧρες ποὺ τὸ μεσημέρι πύρωνε τὶς φλέβες
σὲ ξένα χέρια θέλει ἀνθίσει. Πάρ᾽ το, σοῦ τὸ χαρίζω·
δές, εἶναι ξύλο λεμονιᾶς . . .«
Ἄκουσα τὴ φωνὴ
καθὼς ἐκοίταζα στὴ θάλασσα νὰ ξεχωρίσω
ἕνα καράβι ποὺ τὸ βούλιαξαν ἐδῶ καὶ χρόνια·
τό ᾽λεγαν »Κίχλη«· ἕνα μικρὸ ναυάγιο· τὰ κατάρτια,
σπασμένα, κυματίζανε λοξὰ στὸ βάθος, σὰν
πλοκάμια
ἢ μνήμη ὀνείρων, δείχνοντας τὸ σκαρί του
στόμα θαμπὸ κάποιου μεγάλου κήτους νεκροῦ
σβησμένο στὸ νερό. Μεγάλη ἁπλώνουνταν γαλήνη.

Κι ἄλλες φωνὲς σιγὰ-σιγὰ μὲ τὴ σειρά τους
ἀκολουθῆσαν· ψίθυροι φτενοὶ καὶ διψασμένοι
ποὺ βγαῖναν ἀπὸ τοῦ ἥλιου τ᾽ ἄλλο μέρος, τὸ σκοτεινό·
θά ᾽λεγες γύρευαν νὰ πιοῦν αἷμα μιὰ
στάλα·
ἤτανε γνώριμες μὰ δὲν μποροῦσα νὰ τὶς ξεχωρίσω.
Κι ἦρθε ἡ φωνὴ τοῦ γέρου, αὐτὴ τὴν ἔνιωσα
πέφτοντας στὴν καρδιὰ τῆς μέρας
ἥσυχη, σὰν ἀκίνητη:
»Κι ἂ μὲ δικάσετε νὰ πιῶ φαρμάκι, εὐχαριστῶ·
τὸ δίκιο σας θά ᾽ναι τὸ δίκιο μου· ποῦ νὰ πηγαίνω
γυρίζοντας σὲ ξένους τόπους, ἕνα στρογγυλὸ λιθάρι.
Τὸ θάνατο τὸν προτιμῶ·
ποιὸς πάει γιὰ τὸ καλύτερο ὁ θεὸς τὸ ξέρει.«

Χῶρες τοῦ ἥλιου καὶ δὲν μπορεῖτε ν᾽ ἀντικρίσετε τὸν ἥλιο.
Χῶρες τοῦ ἀνθρώπου καὶ δὲν μπορεῖτε ν᾽ ἀντικρίσετε τὸν
ἄνθρωπο.

III. Das Wrack der »Drossel«

»Dieses Stück Holz hat mir oft das Gesicht erfrischt
in den Stunden am Mittag wenn die Adern brannten
in fremder Hand wird es blühen. Nimm es, ich schenk es dir;
Siehst du, es ist Zitrusholz ...«
                                        Ich hörte die Stimme
als ich ins Meer schaute um zu erkennen
ein Schiff das hier vor Jahren versenkt worden war:
es hatte »Drossel« geheißen; ein kleines Wrack; die Masten
waren gebrochen und schwankten schräg in der Tiefe, wie
      Flechten
oder Erinnerung an Träume, sein Kiel war sichtbar
das erschrockene Maul eines toten Seeungeheuers
im Wasser erloschen. Ringsum große Stille.

Und andere Stimmen folgten allmählich
der Reihe nach, ein heiseres und dünnes Gewisper
das von der hinteren, der dunklen Seite der Sonne herkam
man konnte glauben daß sie Blut trinken wollten, und seis nur
      ein Tropfen:
vertraute Stimmen aber ich konnte sie nicht unterscheiden.
Da kam die Stimme des Alten, von ihr spürte ich
wie sie dem Tag ins Herz fiel
ruhig, unbewegt:
»Auch wenn ihr mich zum Giftbecher verurteilt, danke ich euch:
euer Recht sei auch mein Recht: wohin soll ich denn gehen
durch fremde Orte streifend, ein rollender Stein.
Der Tod ist mir lieber:
wer von uns den besseren Weg geht, der Gott weiß es.«

Länder der Sonne und könnt der Sonne nicht standhalten.
Länder der Menschen und könnt dem Menschen nicht
      standhalten.

Τὸ φῶς

Καθὼς περνοῦν τὰ χρόνια
πληθαίνουν οἱ κριτὲς ποὺ σὲ καταδικάζουν·
καθὼς περνοῦν τὰ χρόνια καὶ κουβεντιάζεις μὲ λιγότερες
φωνές,
βλέπεις τὸν ἥλιο μ' ἄλλα μάτια·
ξέρεις πὼς ἐκεῖνοι ποὺ ἔμειναν, σὲ γελούσαν,
τὸ παραμίλημα τῆς σάρκας, ὁ ὄμορφος χορὸς
ποὺ τελειώνει στὴ γύμνια.
Ὅπως, τὴ νύχτα στρίβοντας στὴν ἔρμη δημοσιά,
ἄξαφνα βλέπεις νὰ γυαλίζουν τὰ μάτια ἑνὸς ζώου
ποὺ ἔφυγαν κιόλας, ἔτσι νιώθεις τὰ μάτια
σου·
τὸν ἥλιο τὸν κοιτᾶς, ἔπειτα χάνεσαι μὲς στὸ σκοτάδι·
ὁ δωρικὸς χιτώνας
ποὺ ἀγγίξανε τὰ δάχτυλά σου καὶ λύγισε σὰν τὰ βουνά,
εἶναι ἕνα μάρμαρο στὸ φῶς, μὰ τὸ κεφάλι του εἶναι στὸ
σκοτάδι.
Κι αὐτοὺς ποὺ ἀφῆσαν τὴν παλαίστρα γιὰ νὰ πάρουν τὰ
δοξάρια
καὶ χτύπησαν τὸ θεληματικὸ μαραθωνοδρόμο
κι ἐκεῖνος εἶδε τὴ σφενδόνη ν' ἀρμενίζει στὸ αἷμα
ν' ἀδειάζει ὁ κόσμος ὅπως τὸ φεγγάρι
καὶ νὰ μαραίνουνται τὰ νικηφόρα περιβόλια·
τοὺς βλέπεις μὲς στὸν ἥλιο, πίσω ἀπὸ τὸν ἥλιο.
Καὶ τὰ παιδιὰ ποὺ κάναν μακροβούτια ἀπ' τὰ
μπαστούνια
πηγαίνουν σὰν ἀδράχτια γνέθοντας ἀκόμη,
σώματα γυμνὰ βουλιάζοντας μέσα στὸ μαῦρο φῶς
μ' ἕνα νόμισμα στὰ δόντια, κολυμπώντας
ἀκόμη,
καθὼς ὁ ἥλιος ράβει μὲ βελονιὲς μαλαματένιες
πανιὰ καὶ ξύλα ὑγρὰ καὶ χρώματα πελαγίσια·

Das Licht

Wie die Jahre verstreichen
vermehren sich auch die Richter die dich verurteilen:
wie die Jahre verstreichen und du mit wenigeren Stimmen
dich unterhältst,
Siehst du die Sonne mit anderen Augen;
weißt daß was übrigblieb dich betrogen hat,
das Lallen des Fleisches, der schöne Tanz
der in der Nacktheit endet.
Wenn du nachts in die einsame Hauptstraße einbiegst
und plötzlich siehst wie die Augen eines Tieres glasig werden
und schon woanders sind, dann wirst du der eigenen Augen
gewahr:
du blickst in die Sonne, danach bist du im Dunkel verloren;
der dorische Chiton
den deine Finger berührten und er schwankte wie die Berge
ist ein Marmorbild im Licht, doch sein Kopf ist im
Dunkel.
Und jene, die ihre Ringmatte verließen und zum Bogen
griffen
um den zu treffen der sich zum Marathonlauf gestellt hat
und der dann die Rennbahn fortsegeln sah wie auf Blut
und die Welt leerwerden wie den Mond
und die siegbringenden Gärten verwelken:
du siehst sie in der Sonne stehn und hinter der Sonne.
Und die Knaben die kopfüber ins Wasser springen vom
Bugspriet aus
sie sinken hinunter wie Spindeln die sich noch weiterdrehn
nackte Körper die eintauchen ins schwarze Licht
mit einer Münze zwischen den Zähnen, schwimmen noch
immerzu,
während die Sonne mit goldenem Nadelstich
Segel und nasse Hölzer näht und Farben des Meeres:

ἀκόμη τώρα κατεβαίνουνε λοξὰ
πρὸς τὰ χαλίκια τοῦ βυθοῦ
οἱ ἄσπρες λήκυθοι.

Ἀγγελικὸ καὶ μαῦρο, φῶς,
γέλοιο τῶν κυμάτων στὶς δημοσιὲς τοῦ πόντου,
δακρυσμένο γέλοιο,
σὲ βλέπει ὁ γέροντας ἱκέτης
πηγαίνοντας νὰ δρασκελίσει τὶς ἀόρατες πλάκες
καθρεφτισμένο στὸ αἷμα του
ποὺ γέννησε τὸν Ἐτεοκλὴ καὶ τὸν Πολυνείκη.
Ἀγγελικὴ καὶ μαύρη, μέρα·
ἡ γλυφὴ γέψη τῆς γυναίκας ποὺ φαρμακώνει τὸ
φυλακισμένο
βγαίνει ἀπ' τὸ κύμα δροσερὸ κλωνάρι στολισμένο
στάλες.
Τραγούδησε μικρὴ Ἀντιγόνη, τραγούδησε, τραγούδησε . . .
δὲ σοῦ μιλῶ γιὰ περασμένα, μιλῶ γιὰ τὴν ἀγάπη·
στόλισε τὰ μαλλιά σου μὲ τ' ἀγκάθια τοῦ ἥλιου,
σκοτεινὴ κοπέλα·
ἡ καρδιὰ τοῦ Σκορπιοῦ βασίλεψε,
ὁ τύραννος μέσα ἀπ' τὸν ἄνθρωπο ἔχει φύγει,
κι ὅλες οἱ κόρες τοῦ πόντου, Νηρηίδες, Γραῖες
τρέχουν στὰ λαμπυρίσματα τῆς ἀναδυομένης·
ὅποιος ποτέ του δὲν ἀγάπησε θ' ἀγαπήσει,
στὸ φῶς·
καὶ εἶσαι
σ' ἕνα μεγάλο σπίτι μὲ πολλὰ παράθυρα ἀνοιχτὰ
τρέχοντας ἀπὸ κάμαρα σὲ κάμαρα, δὲν ξέροντας ἀπὸ ποῦ
νὰ κοιτάξεις πρῶτα,
γιατὶ θὰ φύγουν τὰ πεῦκα καὶ τὰ καθρεφτισμένα βουνὰ καὶ
τὸ τιτίβισμα τῶν πουλιῶν

sinken noch immerzu schräg hinab
zu den Steinen der Tiefe
weiße Ölkrüge.

Von Engeln und schwarz, Licht,
Gelächter der Wellen auf den Straßen des Meeres,
tränennasses Gelächter,
dich sieht der um Schutz flehende alte Mann
der sich aufmacht über die unsichtbaren Trittsteine zu schreiten
du Widergespiegeltes in seinem Blut
aus dem gezeugt sind Eteokles und Polyneikes.
Von Engeln und schwarz, Tag:
der bittre Geschmack nach der Frau die dem Gefesselten
das Leben vergiftet
steigt auf von der Woge dem frischen tropfengeschmückten
Zweig.
Sing kleine Antigone, sing, sing doch ...
ich spreche dir nicht vom Vergangenen, ich spreche von Liebe:
bekränze dein Haar mit den Dornen der Sonne,
du Düstere:
das Herz des Skorpions ist hinter dem Meer versunken,
der Gewaltherrscher im Menschen hat sich davongemacht,
und alle Jungfrauen des Meeres, Nereïden und Gräen
eilen dem Glanz der Schaumgebornen entgegen:
wer niemals geliebt hat wird lieben
im Licht:
und bist
in einem weiten Haus mit vielen geöffneten Fenstern
weißt nicht zu welchem hinausschaun, läufst von Zimmer
zu Zimmer,
denn es vergehen die Föhren und die widergespiegelten Berge
und das Gezwitscher der Vögel

θ' ἀδειάσει ἡ θάλασσα, θρυμματισμένο γυαλί, ἀπὸ βοριὰ
καὶ νότο
θ' ἀδειάσουν τὰ μάτια σου ἀπ' τὸ φῶς τῆς μέρας
πὼς σταματοῦν ξαφνικὰ κι ὅλα μαζὶ τὰ τζιτζίκια.

Πόρος, »Γαλήνη«, 31 τοῦ 'Οχτώβρη 1946

es leert sich das Meer, ein gesprungenes Glas, von Norden und
Süden
es leeren sich deine Augen von dem Lichte des Tags
und plötzlich schweigen die Zikaden allesamt.

»Galini« auf Poros, 31. Oktober 1946

Nachwort

Giorgos Seferis – der diesen seinen Namen auf der zweiten Silbe betont – heißt eigentlich Giorgos Seferiades und ist am 29. Februar 1900 in Smyrna geboren. Wer wüßte aus dem Stegreif zu sagen, wohin diese Stadt in der Jahrhundertwende gehört hat? Seferis hat Griechenland im Lauf einer langen und erfolgreichen diplomatischen Karriere an vielen Orten der Erde, zuletzt und gegenwärtig als Botschafter in London, vertreten: eine Vertretung, die sich schon deswegen nicht auf Unterschriftsmappe und Höflichkeiten beschränkt hat, weil sie von Anfang an nicht selbstverständlich war. Er ist der Gesandte eines Landes, das er immer noch sucht.

Comment peut-on être Grec? schreibt sein französischer Herausgeber und Übersetzer Robert Levesque und stellt damit eine Frage, die Seferis in jeder Weise betrifft: 1914 wird er mit seinen Eltern von den Türken aus Smyrna vertrieben, 1922 verbrennt dort sein Geburtshaus bei der Griechenverfolgung, 1941 flieht er vor den Deutschen aus Athen und arbeitet für die griechische Exilregierung – das »eigentliche« Griechenland und wiederum auch eines, das keines ist – in Kairo, im Transvaal; dazwischen Paris, London, Albanien: in langer Folge und vielfältiger Wandlung wiederholt sich das Motiv von Verfolgung, Flucht und Exil aus einem Land, das selbst seinem eigenen Volk nichts Besseres als die Verbannung zu bieten hat, die Verbannung aus dem Früher und Vormals, in dem Sprache und Erde und – wie Seferis sie nennt – die Statuen noch heil waren. Wie stellt man es an, Grieche zu sein?

Doch nur so, daß man vereinfacht. Man wird denken dürfen, daß sich dazu einem Mann von Seferis' gesellschaftlicher Herkunft zunächst ein anderer Weg anbietet: die Reduktion der Welt auf jene Karikatur ihrer selbst, die dem »Weltmann« seinen lächerlichen Namen gegeben hat: dessen Erfolg in seinem Talent zur Fraglosigkeit besteht: der, weit davon entfernt,

»überall zu Hause zu sein«, es vielmehr nur in einem behaviouristischen Schema ist und daraus die Überlegenheit der Ameise gewinnt.
Die Welt eines Seferis ist anders beschaffen. Anscheinend ist sie rasch umschrieben, jedes seines Gedichte zählt sie uns nach ihren Teilen auf: Meer, Föhre, Schiff, Berg, Insel, Haus ... mit geringer Geduld läßt sie sich einsammeln, ist, wenn auch nicht simpel, so doch einfach. Freilich besagt das noch nichts; wäre wohl auch als hübsches Spiel mit bunten und längst als »poetisch« deklarierten Steinchen zu denken, als eine Art von literarischem Chagall, bei dem man zuversichtlich, wenn auch mit schwindendem Vergnügen, nach Bukett, Ziegenbock und Braut suchen kann; als Poesie des »einfachen Lebens«; als verkappte Naturpoesie: in Wirklichkeit ist sie keins von alledem.
Wer sich in der neuen griechischen Literatur umsehen will und dazu, sagen wir, die Anthologie von Apostolides durchblättert, macht eine merkwürdige und lehrreiche Erfahrung; er wird vielerorts einer Unverbrauchtheit begegnen, oft auch einer Härte und Direktheit, die ihn erfrischt. Doch daneben, übergangslos und mittenhin stößt er auch auf den Gedichttitel *Aus meiner stillen Ecke* oder die Zeile *Ich will dir die gefallenen Ähren lesen, um dir ein wenig Brot zu schicken:* und tut doch unrecht, darin nichts als derivierte und abgesunkene Dichtung zu sehen: er möge, bei beiden Zitaten, nur ein Stück weiterlesen. Vielmehr ist es eine Literatur, die den Filter der Modernität deswegen oft nicht erträgt, weil sie davor und daneben entstanden ist. Gewiß eine sehr allgemeine Feststellung, die viele Ausnahmen kennt: Seferis ist darunter eine der bedeutendsten; in ihm begegnet eine moderne Sensibilität jenen ersten und einfachen Dingen, die der Dichtung seiner Muttersprache auch sonst, und so oft zu ihrem Unglück, zur Hand sind. Mit ihnen ist er seiner Heimat am engsten verwandt.
Es sind Dinge besonderer Art. Sie tun nichts. Sie kommen vor. Sie verschwimmen in keiner feingetönten Schattierung, werden von keinem Vergleich verschönt; oft wird ihnen nicht einmal

zugestanden, daß sie »sind«, sie erscheinen in ihrer sprachlichen Mindestform: dem Substantiv, der bloßen Nennung. Ist es eine Tugend, von den Dingen zu sagen nur daß es sie gibt? Dinge, die, so meinen wir aufs erste, uns doch nicht allzunah angehen: uns sind Steine nicht die auf dem Feld, sondern die, in denen wir wohnen; uns werden Ruder nur mürrisch und stundenweise in Miete gegeben, uns liegt das Meer in Cattolica und wird wohl auch salzig sein. Kann man uns damit kommen?
Die Dinge bleiben nicht allein:

... wir haben genau aufgemerkt
auf die Föhren den Strand die Sterne.
Zugetan der Pflugschar oder dem Schiffskiel
suchten wir ...

oder auch:

Drei Felsen ein paar verdorrte Föhren eine verlassene
Kapelle ...
Hier legten wir mit den Schiffen an ...

Im Grunde ist die Dichtung von Seferis eine ganz einfache Dichtung; sie hat sich ein allererstes Schema bewahrt: die Dinge sind, die Menschen tun. Sie führt uns in eine Seelandschaft zwischen den Ufern von Substantiv und Verb, die wir dort doch nie bemerkt haben, in ein Dazwischen, in dem sich beides gleichermaßen fremd und vertraut ausnimmt. Angesichts der »Steine da« fließt dem alten Tanz der Gymnopädien neue Bedeutug zu, und erst durch den »Rhythmus, der die Erde schlug mit vergessenen Füßen« werden die Steinbrocken zeichenhaft. Durch solche Fäden, die diese Dichtung spannt, unterscheidet sich ihre Einsamkeit von der eines Reservats und ihr »einfaches Leben« von dem einer unappetitlichen Elmau. Der Unterschied ist leicht zu fassen, weil er so unübersehbar groß ist: zwar wird hier wie dort das kaum Genannte schon zum Symbol; das Meer ist nicht mehr nur das Meer, die am

Strand gefundene Münze nicht mehr nur die am Strand gefundene Münze. Der Zuwachs aber, den dieses »nicht mehr nur« enthält, ist von verschiedener Art; er wird dort dem gefühlslüsternen Konsumenten zugerichtet und alsbald verdaut; hier entsteht er im Verzicht auf alle andere Tätigkeit außer der des Zeigens; degeneriert daher dort zum Kitsch; und erhebt sich hier zur Dichtung.

Gefordert ist für solche Poesie, daß das Ich schweige, ein Pseudonym annehme, wie in der Dichtung von Eliot (den Seferis ins Griechische übersetzt hat) und Perse, die sich mit der seinen am ehesten vergleicht. Bei beiden findet sich, gelehrter bei Eliot, ornamentaler bei Perse, das, was oben das »Dazwischen« genannt worden ist: Schnitt und Auseinanderrücken genannter Dinge und menschlichen Tuns, zwischen denen erst ausgespannt und verschwiegen wird, was das Gedicht sagen will. Ebenso sind sie auf das sachlich genaue, unzweideutige Wort angewiesen – ein Grundsatz, der, nebenbei sei es gesagt, den Übersetzer aufs nächste betrifft: auch er hat für diese Dichtung niemals das gesuchte Wort herbeizuschaffen, sondern das einfache, nicht das schöne oder glatte, sondern das genaue, nicht das verschluderte, aber auch nicht das antiquierte oder barocke; in ihr waltet eine fast im klassischen Sinn reine Diktion.

»Den Titel *Mythistorema* habe ich gewählt«, so schreibt Seferis in einer Anmerkung zu der ersten Gedichtfolge dieses Bandes, »weil ich von einer festen Mythologie offen Gebrauch gemacht habe und weil ich darin, in einer gewissen Folgerichtigkeit, innere Zustände mitteilen wollte, die mit mir sowenig zu tun haben wie die einer Romanfigur.« In diesem Satz wird nicht nur der Ichverzicht in seiner Dichtung programmatisch, sondern auch die Verwendung des Mythos; auch hier fallen uns wieder Perse und Eliot ein, die *Anabasis* etwa, oder Tiresias als Zentralfigur des *Waste Land.* Es ist leicht zu sehen, warum Seferis diesen Königsweg der Moderne zur Universalität und Einfachheit einschlägt: auf ihm kann jenes schwierige Geschäft gelingen, ein Grieche zu sein; denn der Mythos ist dasjenige seltene

Ding, das am besten weiß, was wir bedeuten – solange wir uns in ihm wiedererkennen können: wo nicht, gefriert er zu Gips.

Seine einzelnen Figuren zu deuten, ist hier nicht der Ort. Allenfalls noch ein Wort zu den Statuen: die Statuen, die so oft in den Gedichten von Seferis wiederkehren, die leise Schwankenden mit dem unverrückbaren Lächeln, die weniger Zerbrochenen als wir, die Statuen, die in unsern Traum fallen, wenn wir aus ihm heraustreten: jenseits derer zu leben Glück wäre und Tod zugleich – sie sind vielleicht das eigentliche Geheimnis und die wahrste Botschaft von Seferis, dem Griechen.

Southampton, November 1961

Fünfundzwanzig Jahre später hätte ich von Seferis lieber geschrieben, daß er, wie fast alle großen Dichter der Moderne, aus einer bestimmten, in uns verschütteten Schicht heraus wahrnimmt und ihr eine Stimme gibt; daß er sie dadurch in uns wiedererweckt, uns an Angelpunkte unserer eigenen wie der großen Geschichte erinnert und uns so einen verlorenen Teil unserer selbst zurückruft; die Gegenwart wird zur Glocke; deswegen können wir ihn verstehen und lernen: unsere Hoffnungen wie unsere Ängste waren verfrüht; weder der Untergang noch das Glück steht uns so kurz bevor, wie wir dachten. Wäre also die Zeit nachempfindender Hinterdreinreden inzwischen nicht allmählich vorbei –

Ich danke Frau Danae Coulmas für verschiedentliche, und höchst sachkundige, Korrekturen an der Übersetzung.

München, April 1987

Quellenangabe

Die Gedichte sind dem Band Ποιήματα 1924-1946, bei Ikaros 1950, entnommen. Μυθιστόρημα (Mythischer Lebensbericht) erschien zuerst 1935, Γυμνοπαιδία (Gymnopädie) 1936, »Κίχλη« (Die »Drossel«) 1947. Abdruck mit freundlicher Genehmigung von Maro Seferiadis, Athen.

Περιεχόμενα

Inhalt

Mythischer Lebensbericht

Gymnopädie

»Κίχλη«

Die »Drossel«

Suhrkamp Verlag GmbH
Torstraße 44, 10119 Berlin
info@suhrkamp.de
www.suhrkamp.de